KB237589

현대신서
147

# 지옥의 힘

**장 보드리야르**

배영달 옮김

東文選

지옥의 힘

Jean Baudrillard
Power Inferno

© Éditions Galilée, 2002

This edition was published by arrangement
with Éditions Galilée, Paris
through BF Agency, Seoul

# 차    례


1. 쌍둥이 빌딩을 위한 진혼곡 ────────── 7

2. 테러리즘에 대한 가정 ────────── 21

3. 세계적인 것의 폭력 ────────── 51


테러리즘과 세계화 ────────── 67
장 보드리야르 참고 자료 ────────── 75

# 1

## 쌍둥이 빌딩을 위한 진혼곡

왜 먼저 쌍둥이 빌딩인가? 왜 세계무역센터의 쌍둥이 빌딩인가?

맨해튼의 모든 고층 빌딩들은 그때까지 수직성의 경쟁에 직면해 있었는데, 그로부터 도시의 유명한 건축적 전경이 생겨났다. 이 이미지는 1973년 세계무역센터가 건립되면서 바뀌었다. 시스템에 새겨진 초상 같은 이미지는 오벨리스크와 피라미드에서 펀치 카드와 통계 그래프로 옮아갔다. 이 건축적 디자인은 경쟁적인 시스템이 아니라 수치적이고 회계적인 시스템을 구현한다. 물론 이때 경쟁은 망(réseau)과 독점을 위해 사라진다.

빌딩이 두 개라는 사실은 본래의 모든 기준이 상실되었음을 의미한다. 만약 빌딩이 하나밖에 없었다면, 독점은 완전히 구현되지 않았을지도 모른다. 오직 기호의 중복만이 기호가 가리키는 것을 실제로 종결지을 수 있다. 이러한 중복에는 특이한 매혹이 있다. 아무리 두 빌딩이 높다 할지라도, 두 빌딩은 수직성의 정지를 나타낸다. 이 두 빌딩은 다른 빌딩들과 같은 부류에 속하지 않는다. 이 두 빌딩은 서로 정확하게 반사할 때 절정에 달한다. 록펠러센터의 빌딩들은 도시에 끝없이 빛을 반사하면서, 유리와 강철로 된 정면들을 여전히 비추었다. 빌딩들은 이제는 더 이상 정면도 양상도 지니지 않는다. 수직성의 수사학과 동시에 거울의 수사학은 사라진다. 완벽하게 균형잡힌 이 통돌로 된 기념비들에는 일종의 블랙박스, 복제품만이 남아 있다. 마치 건축물이 시스템의 양상 그대로 변함없는 유전자 정보와 복제에서 생겨나듯이 말이다.

뉴욕은 자신의 역사에 따라 시스템의 현재 형태와 그 모든 급변을 놀랄 만큼 정확하게 이야기하는 세계의 유일한 도시이다. 따라서 빌딩의 무너짐──현대 도시사에서의 유일한 사건──은 건축적 형태와 그것이 구현하는 시스템의 극적인 결말을 예고한다고 가정해야 한다. 정보적·재정적·회계적·수치적인 순수한 모델화를 통해서, 빌딩들은 건축적 형태와 그 시스템의 중심이 되었다. 바로 거기에 타격을 가하면서, 테러리스트들은 시스템의 취약한 핵심을 건드렸다. 세계적인 것의 폭력은 역시 건축물을 거치게 된다. 다시 말하면 유리·강철·콘크리트로 된 이 석관(石棺)들 속에서 일하며 살아가는 두려움을 겪게 된다. 거기서 죽는다는 두려움은 거기서 산다는 두려움과 분리될 수 없다. 그래서 이러한 폭력에 대한 항의는 건축물을 파괴하기에 이른다.

이 거대한 건축물들은 언제나 모호한 매혹을 불러일으켰고, 매력과 혐오가 뒤섞인 모순적인 형태를 야기했으며, 어디에선가 그것들이 사라지는 것을 보고 싶은 은밀한 욕망을 부추겼다. 쌍둥이 빌딩의 경우에는, 거기에 확실히 미적 특성을 이루는 완벽한 대칭과 상사성(相似性), 특히 형태를 파괴하고 싶은 욕망을 자극하는 형태의 동어 반복, 즉 형태 파괴죄가 추가된다. 쌍둥이 빌딩의 파괴 자체는 이러한 대칭을 고려했다. 말하자면 이는 몇 분 간격으로 발생한 이중 충돌, 즉 한 사건을 믿게 할 수 있는 서스펜스이며, 바로 그 점에서 두번째 충돌은 테러 행위임을 분명히 나타내었다.

빌딩들의 무너짐은 중대한 상징적 사건이다. 빌딩들이 무너지지 않았다거나, 단 하나의 빌딩만이 무너졌다고 상상해 보자. 그 효과는 전혀 다른 것이 되었을지도 모른다. 세계적인 힘이 취약함을 드러낸다는 명백한 증거는 전혀 다른 것이 되었을지도 모른다. 세계적인 힘의 상징이었던 빌딩들은 자살과 유사한 비극적 종말을 통해서 여전히 이 취약함을 구체화하고 있다. 마치 내파에 의한 것처럼 빌딩들이 스스로 무너져 버리는 것을 보면서, 사람들은 빌딩들이 카미카제 특공기의 자살에 대응하여 자살한다는 느낌을 받았다.

건축적 대상인 동시에 상징적 대상이었던 이 빌딩들은 분명히 비난의 표적이 되었던 상징적 대상이다. 빌딩들의 물리적 파괴가 빌딩들의 상징적 붕괴를 초래했다고 생각될 수 있다. 그러나 이와 반대로 상징적 공격이 빌딩들의 물리적 붕괴를 야기하였다. 마치 지금까지 이 빌딩들을 지탱했던 힘이 갑작스레 모든 기력을 상실하듯이 말이다. 마치 이 거만한 힘이 너무도 대단한 노력——세계의 유일한 모델이 되고자 하는 노력——에 휩쓸리다가 갑작스레 무너져 버리듯이 말이다. 이번 사건의 경우 지탱하기에 너무도 벅찬 이러한 상징에 지쳐 버린 이 빌딩들은 물리적으로 무너져 버렸다. 다시 말하면 그것들은 전세계 사람들이 경악하면서 보는 앞에서 힘에 부쳐 수직으로 무너져 버리고 말았다.

논리적으로 생각해 보면, 힘의 잠재적 상승은 힘을 파괴하려는 의지를 더욱 북돋운다. 하지만 거기에는 플러스 요인이 있다. 즉 어디에선가 이러한 상승은 자신의 파괴와 공모 관계에 있다. 이 내적인 부정은 시스템이 완벽과 전능에 가까이 다가가는 만큼 더욱더 강해진다. 따라서 모든 것은 일종의 예측할 수 없는 공모에 의해 이루어졌다. 마치 시스템 전체가 자체의 내적 취약성에 의해 자체의 붕괴에 말려들고 테러리즘을 유발하듯이 말이다. 신조차 전쟁을 선포할 수 없다라고들 하였다. 아니, 신의 위치에 있는, 그리고 신의 전능과 절대 도덕의 정당성을 지닌 서방 세계는 자멸을 초래하고 자신에게 전쟁을 선포하고 있다.

이 빌딩들의 자리에 무엇을 다시 세워야 할 것인가에 대한 물음은 해결할 수 없는 것이다——사람들은 파괴할 만한 가치가 있는 등가물을 전혀 상상할 수 없다. 쌍둥이 빌딩은 파괴할 만한 가치가 있었다. 많은 건축 작품들 모두 다 파괴할 만한 가치가 있다고 말할 수는 없다. 대부분의 건축 작품들은 파괴되거나 희생될 만한 가치가 없다. 오직 명성이 높은 건축 작품들만이 파괴되거나 희생될 만한 가치가 있다. 이러한 명제는 매우 역설적이지는 않지만 건축에 근본적인 물음을 제기한다. 즉 사람들은 건축의 탁월함으로 인해 파괴될 만한 것만을 세워야 할 것이다. 이러한 물음과 관련하여 모든 문제를 총체적으로 검토해 보세요. 그러면 당신은 대수롭지 않은 것이 이에 맞서는 것을 보게 될 것입니다.

탁월한 작품들을 자발적으로 파괴하는 테러 행위의 유명한 선례들이 있다. (사실 이 탁월한 작품들이 지닌 아름다움이나 힘은 일종의 도발을 유발한다.) 에페수스 · 로마 · 헬리오가발루스 신전의 범죄적 파괴, 미시마 유키오[1]의 소설로 유명해진 긴카쿠사 화재 등이 그러하다. 그리고 콘래드의 《비밀 첩보원》에서 '시간으로부터 사람들을 해방시키기 위해' 그리니치 천문대를 다이너마이트로 폭발하려는 무정부주의적 기도도 잊어서는 안 된다.

어쨌든 쌍둥이 빌딩은 사라졌다. 그러나 쌍둥이 빌딩은 그것들이 사라지는 상징, 즉 그것들이 구현했던 전능이 사라지는 상징을 우리에게 남겨 주었다. 그후 어떤 일이 있더라도 현재의 공간이 파괴되었듯이, 이 전능은 파

---

1) 사소설의 전통을 부정하고 허구와 상상력에 의한 고유한 작품 세계를 지향했던 미시마 유키오(1925-1970)는 교토의 긴카쿠사 화재를 소재로 다룬 소설 《긴카쿠사 金閣寺》(1956)를 발표했다. 〔역주〕

괴되었을 것이다.

다른 관점에서 보면 설사 두 빌딩이 사라졌다 할지라도, 그것들은 전멸된 것이 아니다. 심지어 산산조각난 두 빌딩은 그것들이 부재하는 형태를 우리에게 남겨 주었다. 두 빌딩을 알고 있었던 모든 사람들은 하늘에서나 도시의 사방에서 볼 수 있는 그것들과 그것들의 윤곽을 상상하는 것을 멈출 수가 없다. 물질적 공간에서 최후를 맞이함으로써 두 빌딩은 결정적인 상상적 공간으로 옮아갔다. 테러리즘의 은총으로 두 빌딩은 가장 멋진 세계적인 건물이 되었다. 말하자면 두 빌딩은 확실히 자기 존재의 시간에 속하지 않는 건물이 되었다.

사람들이 쌍둥이 빌딩의 미적 특성에 대해 무슨 생각을 하건 쌍둥이 빌딩은 완벽한 퍼포먼스였으며, 쌍둥이 빌딩의 파괴 자체도 완벽한 퍼포먼스이다. 하지만 이는 가장 탁월한 예술 작품에 대해서와 마찬가지로 슈톡하우젠[2]이 9·11 테러 사건을 열광케 하는 것을 정당화하지 못한다. 왜 예외적인 사건은 예술 작품이 될 수밖에 없었는가? 미적 회복은 도덕적 또는 정치적 회복과 마찬가지로 가증스럽다——특히 사건이 도덕과 미학을 넘어서 매우 특이하게 보일 때도 말이다. 그래서 사건은 모든 논평을 넘어서 그 자체가 본래 깜짝 놀라게 하는 것——이런 점에서 사건의 발표는 당연하다——이다. 사건은 드러내 놓을 만한 것이 못된다. 왜냐하면 사건은 그 자체 속에 온갖 상상을 흡수하면서도 의미를 지니지 않기 때문이다. 로드코[3]가 말하듯 사건은 사방으로 갇히게 된다. 사건과 등가치한 것은 있을 수 없다. 유일한 반향은 테러

---

2) 슈톡하우젠(Karlheinz Stockhausen, 1928- )은 전자 음악의 권위자로 현대 독일을 대표하는 전위 작곡가이다. 1960년 전자 음악 분야에서 최고의 걸작이라는 평가를 받는 《콘타크테》를 발표했는데, 여기서 그는 공간 음악의 이론을 발전시킴과 동시에 모멘트 형식을 제창했다. 〔역주〕

3) 로드코(Mark Rothko, 1903-1970)는 러시아 출신의 미국 화가. 그의 초기 작품들은 표현주의적 성격을 띠고 있으며, 1940년대에 그는 수중 생물계를 현미경으로 들여다본 것과 같은 유기적 형태를 띤 그림을 통해서 알려지기 시작한다. 1943년 《뉴욕 타임스》지에 게재한 공개 편지에 피력된 것과 같이 "복잡다단한 생각을 간단히 표현한다"는 원칙에 따라 1947년부터 그의 그림에서는 모든 유기체적인 유사성이 사라지고, '다양한 형태'의 색면만 남게 된다. 그의 색채법은 지극히 세밀하여 캔버스에 채색을 했다기보다는 염색을 한 것이라는 인상을 받게 한다. 1950년대에는 뉴욕학파의 다른 화가들과 마찬가지로 불완전한 사각형과 빛나는 색채로 채워진 벽화 크기의 작품들을 발표한다. 1960년대 후반의 그의 작품들은 색채가 보이는 미묘한 변조에 의해 관람자로 하여금 형이상학적인 관조의 경지에 빠지게 한다. 이 시기부터 그의 색채는 점점 더 어두워져 회색과 밤색이 주조를 이루게 되었는데, 이는 그를 자살로 이끈 신경성 우울증을 보여 주는 것이기도 했다. 〔역주〕

적인 것이라고 말해질 수 있는 현대 예술의 어떤 형태들 속에, 결코 재현이 아닌 어떤 사건을 예고하는 현대 예술의 어떤 형태들 속에 있을 것이다. 어떤 사건 이후의 이러한 반향은 예술의 관점에서 보면 너무도 늦고, 재현의 관점에서도 너무 늦다.

예술과 삶을 동등한 것으로 인정하려는 상황주의적 유토피아는 본질적으로 테러적인 것이었다. 예술 행위의 급진성이나 관념의 급진성이 상황의 시적 이동에 따라 사물들 자체가 되거나 현실의 자동 기술이 되는 극단적 상태는 테러적인 것이다. 그러나 만약 예술이 모든 가능한 재현을 흡수하는 구체적 사건이 되기를 열망한다면, 정말 이러한 사건과는 거리가 먼 것이 될 것이다. 상상이나 재현의 차원에서 보면 아무것도 어떤 사건에 필적하거나 맞설 수 없다.

세계무역센터의 대리석 판 위에 한 작품을 설치하는 것을 요청받았던 아프리카 예술가의 당혹스러운 비유를 제외하면 말이다. 이 작품은 현대의 성 세바스티아누스[4]

---

4) 성 세바스티아누스(Saint Sebastianus)는 로마의 군인, 초기 그리스도교 순교자이다. [역주]

처럼 비행기들이 관통한 세계무역센터 건물의 본체를 상기시켰다. 9월 11일 오전 자신의 아틀리에로 작업하러 왔던 그는 빌딩의 잔해 속에 작품과 함께 파묻혀 죽었다. 이것은 근본을 파헤쳐 보면 예술의 절정일지도 모른다. 마술적 완벽함에 도달한 이 작품은, 작품이 미리 나타내어 보인 실제 규모의 사건에 의해 결국 형상화되고 미화되어 사라졌기 때문이다.

모든 것은 첫 순간 속에 있다. 모든 것은 극단적인 행동의 충격 속에서 결합된다. 깜짝 놀랄 사건에 대한 예감이 부도덕한 이미지를 통해 압축되는 이 매혹적 순간을 회피하게 되면, 사람들은 사건의 예외성을 파악할 수 있는 모든 기회를 잃게 된다. 따라서 모든 담론은 우리를 사건으로부터 결정적으로 벗어나게 할 뿐이다. 사건이 지니는 힘은 정치적·도덕적 고찰 속에서 소멸된다.

그러므로 유일한 사건에는 잠재적인 힘을 이용할 수 있는 즉각적이고 결정적인 유일한 반응이 필요하다. 전쟁을 포함하여 계속되는 모든 사건은 소멸되거나 희미해지는 형태에 불과하기 때문이다. 그래서 어떤 방식으로든 사건을 설명하려고 하지 않은 채 사건에 대처하기는 어렵다. 설사 사건이 가장 미묘하고 가장 유리한 것이라 할 지라도, 사건에 어떤 의미를 부여하려고 하는 모든 것은 은밀히 사건을 부정한다. 왜냐하면 센세이션을 일으키는 것은 원인과 결과의 분리에서 생겨나기 때문이며, 인과 율을 사라지게 하는 것처럼 보이는 인과성의 초월과 결과 의 균형 유지에서 생겨나기 때문이다. (일어났던 충분한 이유를 갖지 못하는 것 이외에는 어떠한 것도 실제로 일어 나지 않았을 것이다.)

우리가 할 수 있는 모든 것은 다른 사건을 통해 어떤 사건에 대처하는 것이다. 다시 말하면 경우에 따라서는 사건 자체와 마찬가지로 받아들일 수 없는 어떤 분석을 통해서 어떤 사건에 대처하는 것이다. 특이한 사건을 통 해 결과가 원인으로부터 벗어날 때, 사건에 대처하는 사 유 또한 자신의 전제와 기준으로부터 벗어나야 한다.

사건에 대해 사유의 균형을 유지할 수 있을까? 사건은 언제나 미리 거기에 있었던 것 같다. 그리고 사건은 갑자 기 사건을 고립시키면서, 세계의 모든 현실성을 사라지 게 하면서 사유보다 빨리 나아가는 것 같다. 게다가 어떤 방식으로든 우리는 사건을 실제로 일어났던 것으로 체험 하는 것이 아니라, 돌이켜보면 일어나지 않을 수 있었다는 고통스런 환상으로 체험한다. 가장 세부적인 것이 이러한 기도를 실패로 돌아가게 할 수 있었을지도 모른다. 아마 동일한 아주 작은 이유로——운명은 미묘한 것이기 때문이다——예외적인 몇몇 사건들이 결코 일어나지 않았을지도 모른다. 그러나 사건이 발생하면 사건은 미래의 모든 사건들을 마비시키는 폭풍 효과, 즉 정신을 빼앗는 폭탄 같은 효과를 유발한다. 따라서 사건은 사건을 앞서갔던 모든 것뿐만 아니라 그 이후에 오는 모든 것도 사라지게 한다.

그러나 어떤 방식으로든 사유는 사건을 앞서간다. 왜냐하면 아직 알려진 바 없고, 또 결코 알려지지 않을 사건이 생겨나도록 하기 위해 사유 역시 아무런 표명도 하지 않으려고 하기 때문이다. 이는 바로 급진적 사유를 비판적 분석과 구별짓는 것이다. 비판적 분석이 의미와 해석의 교환을 통해 자신의 대상을 협상하려고 하는 반면, 급진적 사유는 이 뒷거래에서 대상을 얻어내어 대상을 불가능한 교환에게 되돌려 주려고 한다. 관건은 사유와 사건을 설명하는 데 있지 않고, 사유와 사건이 제각기 도전하거나 투쟁하는 데 있다. 이러한 대가로 사람들은 사건을 글자 그대로 해석할 수 있다.

철저한 분석은 사건 자체와 씨름한다. 철저한 분석은 사건을 하나의 사실로 간주하지 않는다—— '사실' 같은 모든 해석은 '꾸며낸' 해석이다. 사실 대부분의 사건들이 실제 상황으로 된다면, 실제 상황으로부터 벗어나는 사건들만이 사건이라는 이름에 어울릴 것이다. 분석 역시 사건을 반영하는 것이 아니다. 왜냐하면 '현실'에 직면하는 모든 것은 불가능한 것이기 때문이다. (현실 자체는 불가능한 것이며, 사건이 일어났다는 사실로 인해 사건의 객관적 불가능성이 사라지는 것은 아니다.)

심지어 사고와 같은 상상할 수 없는 자체의 특성을 통해, 자체의 불가능성을 통해 사건과 씨름하는 것이 바람직하다. 만약 사건이 존재한다면, 사건은 개념들을 그들의 지시장(場)에서 끌어낼 수밖에 없다. 이는 악을 통해서이든 최악을 통해서이든 전체를 고려하려는 모든 시도를 헛된 것으로 만든다. 확실히 시스템은 끊임없이, 이제부터 끝없이 계속될 것이다. 시스템의 종말이라는 끝은 없을 것이다. 왜냐하면 세상의 종말은 이미 거기에 있기 때문이다. (모든 문명이나 종까지도 가차없이 제거하는 형태로 말이다.) **그러나 제거된 것은 여전히 파괴되어야 한다.** 사유와 사건은 이 상징적 파괴 행위와 공모 관계를 맺고 있다.

# 2.

## 테러리즘에 대한 가정

테러리즘에 대한 가정은 단번에 배제되어야 한다. (이 가정에 의하면 9·11 사건은 불가역적인 세계화를 향해 나아가는 과정에서 돌발적인 사건이나 사고를 구성할지도 모른다.) 근본을 파헤쳐 보면 이는 절망적인 가정이다. 왜냐하면 무엇인가 상상을 초월하는 일이 벌어졌기 때문이다. 9·11 사건을 부정하는 것은, 이제 어떠한 것도 더 이상 센세이션을 일으킬 수 없다는 것을 인정하는 것이며, 우리가 모든 저항과 대립을 흡수하고 더 강해질 수 있는 세계적인 힘의 비약 없는 논리에 따를 수밖에 없다는 것을 인정하는 것이다. 테러 행위는 힘과 유일한 사유의 세계적 지배를 계속 가속하기 때문이다.

이 제로 가정에 9·11 사건의 우발성에 관한 최대 내기인 최대 가정이 대립된다. 사건은 일반화된 교환 시스템을 통해 불가능한 교환의 영역을 갑자기 창조하는 것으로 정의되기 때문이다. (물론 이때 불가능한 교환이란 사건 한가운데에서의 죽음의 불가능한 교환, 사건과 어떤 담론과의 불가능한 교환을 의미한다.) 바로 거기서 사건이 지니는 상징적인 힘이 생겨나는데, 이 상징적인 힘은 맨해튼의 사건을 통해 우리 모두에게 충격을 주었다.

제로 가정에 의하면 테러 사건은 보잘것없는 것이다. 그것은 존재하지 않았어야만 했다. 사실 (세계 질서와 행복한 세계화의 경우) 악이 선의 궤도 속에서 일어나는 우발적 사건이나 환상에 불과한 것이라는 견해에 의하면 테러 사건은 존재하지 않는다. 신학은 언제나 악 자체의 비현실성에 근거를 두었다.

또 다른 가정이 있다. 자멸을 초래하는 미치광이들, 정신병자들, 타락한 명분을 추구하는 광신자들은 어떤 사악한 힘에 의해 조종당하는데, 이 사악한 힘은 격렬하게 파괴에 집착하려는 억압받는 사람들의 원한과 증오를 계속 이용한다는 것이다. 이는 동일한 가정이긴 하지만 매우 유리한 가정으로, 테러리즘에 일종의 역사적 이유를 부여하려고 한다. 말하자면 억압받는 사람들이 절망을 실제로 표현하는 것을 파악하려고 한다. 그러나 이러한 명제 자체는 의심스러운 것이다. 왜냐하면 이 명제는 테러리즘으로 하여금 무기력한 결정적인 제스처를 통해서만 세계의 비참을 상기시키도록 강요하기 때문이다. 설사 테러리즘이 세계 질서에 정치적으로 항의하는 고유한 형태를 받아들인다 할지라도, 이는 일반적으로 테러리즘의 실패를 폭로하고 나아가 세계 질서를 본의 아니게 강화하는 테러리즘의 역효과를 폭로하는 것이다. 애룬더티 로이[5]의 9·11 사건 해석은 헤게모니적인 힘을 폭로하면서 한 쌍을 이루는 악마 같은 시스템과 마찬가지로 테러리즘을 폭로한다. 그로 말미암아 테러리즘이 존재하지 않았다면, 시스템이 테러리즘을 생각해 내었을지도 모른

---

5) 영국 최고 권위의 문학상인 부커(booker)상을 타고 백만 달러의 책 판매를 기록한 인도 최초의 여성인 애룬더티 로이(Arundhati Roy: 1960- )는 명성과 문학성을 떨치고 있다. 1998년 《피플 *people*》지에 세계에서 가장 아름다운 사람 50인에 꼽힌 30대 후반의 그녀는 지금 델리에 살고 있다. 그녀의 수상 소설 《작은 것들의 신 *The God of Small Things*》은 그녀가 성장했던 델리를 배경으로 하고 있는데, 기독교도 여성 기업인과 힌두교도 하층민 남성의 정사를 묘사한 작품이다. 최근 그녀는 9·11 테러 사건뿐만 아니라 미국의 테러 행위, 즉 이라크 전쟁에 대해 일격을 가하는 글들을 썼다. 즉 그녀는 이라크 전쟁을 주도한 미국을 맹비난하고 "오늘날의 민주주의는 자유 세계의 매춘부로 전락했다"고 개탄했다. [역주]

다고 가정할 수 있을 것이다……. 9·11 테러는 왜 미국 중앙정보국에 타격을 가하지 않았는가?

바로 그 점에서 이는 적의 모든 폭력이 결국 현존하는 질서와 공모 관계에 있다는 것을 가정하는 것이며, 사건 관계자들의 의도와 그들 행위의 목적을 상실하게 하는 것이다. 그것은 그들의 행위를 고유한 힘이 아닌 '객관적' 결과(9·11 사건의 지정학적 결과)와 연관시키는 것이다. 다른 관점에서 보면 누가 상대를 조종하는가? 누가 상대에게 본의 아니게 득이 되도록 행동하는가? 마찬가지로 테러리즘의 세력권은 시스템의 발전을 이용하여, 계급 갈등과 역사적 전쟁과는 달리 두 적수가 실제로 만나지 못하게 될 유사한 경쟁을 통해 눈부신 발전을 이루려고 한다.

심지어 이러한 가정에서 한걸음 더 나아가야 한다. 즉 테러리즘과 세계 질서와의 '객관적' 공모에 대한 가정보다는 오히려 테러리즘의 힘과 외부로부터 이러한 힘에 대항하는 힘과의 내적인 깊은 공모에 대한 정반대의 가정을 설정해야 한다. 말하자면 격렬하게 불안정하도록 만드는 테러 행위와 마주치게 되는 내적인 불안정과 쇠퇴에 대한 가정을 설정해야 한다. 은밀한 결탁이나 공모적인 성향에 대한 가정이 없다면 우리는 테러리즘을 전혀 모르게 될 것이며, 테러리즘을 끝장낼 수 없음을 전혀 모르게 될 것이다.

만약 테러리즘의 목표가 자체의 유일한 힘으로 정면충돌을 통해 세계 질서를 불안정하게 만드는 것이라면, 그것은 터무니없는 것이다. 힘의 관계가 그다지 대등하지 않기 때문에, 어쨌든 세계 질서가 이미 이러한 무질서와 규제 완화의 원인이 되었기 때문에 세계 질서를 과장하는 것은 정말 쓸데없는 일이다. 이는 오늘날 도처에서 볼 수 있듯이, 더욱이 무질서로 인해 경찰 통제 장치와 공공의 안전을 위한 통제 장치를 강화하는 위험을 무릅쓰는 것이다.

그러나 그것은 바로 테러리스트들이 꾸는 꿈, 즉 불멸의 적이 꾸는 꿈일 것이다. 왜냐하면 그러한 꿈이 더 이상 존재하지 않으면 그것을 파괴하기가 어려워지기 때문이다. 물론 동어 반복이긴 하지만 테러리즘도 동어 반복적이다. 그리고 테러리즘의 결론은 역설적인 삼단논법이다. 만약 국가가 실제로 존재한다면, 국가는 테러리즘에 정치적 의미를 부여할지도 모른다. 테러리즘이 명백하게 정치적 의미를 갖지 않기 때문에(테러리즘은 다른 의미를 갖는다), 이는 국가가 존재하지 않으며 국가의 권력이 웃음거리밖에 안 된다는 증거이다.

그러면 테러리스트들의 은밀한 사명은 무엇일까? 나스레딘[6]의 우화 속에서, 사람들은 부대를 가득 실은 당나귀들과 함께 그가 매일 국경을 지나가는 것을 보게 된다. 매번 사람들은 부대를 뒤지지만 아무것도 발견해 내지 못한다. 그리고 나스레딘은 자신의 당나귀들과 함께 계속해서 국경을 지나간다. 세월이 지난 후 사람들은 그에게 어떻게 몰래 지나갈 수 있었는지 묻는다. 나스레딘은 이렇게 대답할 뿐이었다. "나는 당나귀들을 지나가게 했지요."

따라서 테러 행위의 모든 뚜렷한 동기들(종교, 순교, 복

---

6) 나스레딘 호자(Nasreddin Hodja: 1208-1284)는 13세기 이후로 우리가 가장 좋아하는 터키 민간 설화 이야기꾼이자 유머의 대가이다. 자신의 오래된 당나귀를 타고 다녔던 그는 어두운 중세에서 벗어난 미소짓는 얼굴을 지녔다. 그의 위트와 지혜는 엘리트와 모든 사람들의 실패나 좌절을 조롱하는 대중 철학자의 위트와 지혜였다. 나스레딘의 이야기들은 보편적인 것이다. 그의 이야기들은 어디에서나 인간의 본성과 무력함을 묘사하기 때문이다. 이는 유네스코가 1996년을 나스레딘의 해로 선언했던 이유이다. 〔역주〕

수나 전략) 이면에서 비합법적인 실제 목적이 무엇인지 모두들 의아하게 생각할 수 있을까? 그저 단순히 우리에게 자살인 것처럼 보이는 것을 통해 죽음의 불가능한 교환은 절대 무기가 된다. 다시 말하면 죽음의 상징적 증여로 인한 시스템에 대한 도전은 절대 무기가 된다. (쌍둥이 빌딩은 이러한 도전을 이해한 것처럼 보인다. 왜냐하면 쌍둥이 빌딩은 자체의 붕괴에 의해 이러한 도전에 응했기 때문이다.)

이러한 것이 바로 극단적 가정이다. 즉 근본을 파헤쳐보면 테러리즘은 가치도 목적도 지니지 않으며, 정치적·역사적인 '실제' 결과들로서 평가되지 않는다는 것이다. 이는 역설적으로 테러리즘이 가치와 효율성으로 점점 더 가득 찬 세계에 센세이션을 일으킨다는 것을 의미하지 않기 때문이다.

극단적 가정이란 눈길을 끄는 폭력을 넘어서, 이슬람과 미국을 넘어서 테러리즘을 생각하는 가정이다. 마치 세계화의 과정 한가운데서 근본적인 적대 관계가 명백하게 드러나듯이, 기술적으로 그리고 정신적으로 세계를 완전히 실현할 수 있고 완전한 세계 질서를 향해 가차없이 나아갈 수 있는 확고부동한 힘이 출현하듯이 말이다.

시스템을 파괴하는 힘에 맞서는 대항적인 힘이 존재하고, 순환과 교환 속에서 전적으로 해결되는 세계성에 도전하는 힘이 존재한다. 그리고 적대 관계를 해결하지 않고 단번에 상징적인 차원을 부여하는 9·11 사건과 같은 파괴적인 사건에 이르기까지, 시스템이 자신의 지배권을 확장함에 따라 매우 폭력적이고 확고부동한 특수한 개체들이 지니는 힘이 존재한다.

테러리즘은 아무것도 생각해 내지 않고, 아무것도 시도하지 않는다. 테러리즘은 단지 사태를 극단에, 절정에 이르게 할 뿐이다. 테러리즘은 어떤 사태를 악화시키거나 폭력과 불확실성의 어떤 논리를 끝까지 밀고 나간다. 모든 교환의 투기적 확장을 통해, 시스템이 어디에서나 재고의 극소화·유동 자산·유동성과 불가피한 가속을 강요하는 불확실하고 가상적인 형태를 통해, 시스템 자체는 이제 테러리즘이 계속해서 전적인 불안으로 표현하는 일반적인 불확실성 원리를 유지한다. 테러리즘은 비현실적인 것일까? 그러나 우리의 가상현실, 우리의 정보·통신 시스템은 오래 전부터 현실 원칙을 넘어서고 있다. 공포에 관해 말하자면 공포가 이미 도처에, 즉 극히 적게나마 제도적·정신적·육체적 폭력 속에 있다는 것을 모두들 알고 있다. 테러리즘은 정지 상태에 있는 모든 요소들을 계속 구체화한다. 테러리즘은 쌍둥이 빌딩이 구현했던 지나치게 넘치는 힘·해방을 실현하고, 과도한 흐름·계산을 끝낸다. 효율성과 지배권이라는 이 극단적인 형태를 강력하게 해체하면서 말이다.

따라서 제로 지점[7] 앞에 펼쳐진 세계적인 힘의 잔해 속에서, 우리는 우리의 이미지를 안간힘을 다해 다시 찾을 수밖에 없다.

게다가 제로 지점에서 볼 만한 다른 것이라고는 전혀 없다——보이지 않는 적에 대한 적대적인 표시조차도 없다. 미국 국민들이 자기 자신에 대해 갖는 엄청난 연민만이 퍼져 있다. (성조기, 봉헌물, 소방관과 경찰관이라는 포스트모던 영웅들과 희생자들에 대한 숭배로 말이다.) 이는 신과 함께 혼자 있기를 바라고, 어떤 사악한 힘에 의해서보다는 신에 의해 충격을 받기를 더 좋아하는 한 국민이 느끼는 국가적 수난과 같은 연민이다. "미국에 신의

---

7) 제로 지점(Ground Zero)은 원자·수소폭탄 폭발의 바로 밑 또는 바로 위쪽 지면 또는 수면을 뜻하는 말로, 여기서는 9·11 테러 사건으로 무너져 버린 쌍둥이 빌딩의 자리를 뜻한다. 〔역주〕

은총이 있기를"은 마침내 신이 우리에게 충격을 주었다
가 되었다. 깜짝 놀랄 일이지만 근본을 파헤쳐 보면 신에
게 드리는 청원에 대한 끊임없는 감사가 우리를 희생자
로 만든 것이다.

도덕적 의식에 대한 이성적 사유는 이러하다. 우리가
선이기 때문에, 우리에게 충격을 준 것은 악일 수밖에 없
다는 것이다. 그러나 선을 구현하고자 하는 사람들에게
있어서 악이 도저히 믿어지지 않는 것이라면, 그들에게
충격을 주는 것은 신일 수밖에 없을 것이다. 선과 힘의
공유가 의미하는 그들의 정상을 벗어난 태도, 그들의 지
나친 미덕과 과도한 힘에 대한 대가를 치르게 하는 것이
아니라면 그들의 무엇에 대한 대가를 치르게 하는 것인
가? 이는 선과 선의 구현을 과장한 것에 대한 경고일지
도 모른다. 이는 그들의 기분을 상하게 하기 위한 것이
아니라, 그들이 거리낌없이 계속해서 선행을 하지 못하도
록 할 것이다. 게다가 그들이 신과 함께 더욱더 혼자 있
지 못하도록 할 것이며, 악의 존재를 더욱더 심하게 무시
하지 못하도록 할 것이다.

연민을 느끼는 쌍둥이 자매(아무리 두 빌딩이 쌍둥이라
할지라도)는 교만함과 같은 것이다. 사람들은 자기 자신

을 한탄하는 동시에 가장 강한 존재들이다. 우리에게 가장 강해질 수 있는 권리를 주는 것은 이제부터 사람들이 희생자들이기 때문이다. 이는 완벽한 알리바이이며, 모든 죄의식이 해소되는 희생이라는 정신 위생 전체이다. 희생이라는 정신 위생 전체는 어떻게 보면 신용 카드 사용의 경우처럼 불행을 초래할 수 있게 한다.

미국인들은 이와 같은 상처가 없었다. (진주만에서 미국인들은 상징적 공격이 아니라 전쟁 용어로서의 공격을 받았다.) 결국 마음의 상처는 받았지만 자유로운 국가의 이상적인 역경이 있을 뿐이다. 말하자면 죄의식의 대가를 치른, 온갖 떳떳한 의식으로 자신의 힘을 행사하려는 국가의 이상적인 역경이 있을 뿐이다. 이는 오래 전부터 공상과학 소설에서나 꿈꾸어 왔던 상황이다. 다시 말하면 그들을 전멸시킬지도 모르는, 그리고 그때까지 그들의 무의식(혹은 어떤 다른 정신적 굴곡) 속에서만 존재했던 어떤 모호한 힘의 상황이다. 이제 단번에 이러한 상황은 테러리즘에 힘입어 구체화된다! 이제 악의 축은 미국의 무의식을 사로잡고, 꿈속의 상상과 환상에 불과했던 것을 폭력으로 실현한다!

모든 것은 악처럼 타자가 도저히 믿어지지 않는다는

것에서 생겨난다. 모든 것은 철저한 타자성이나 화해할 수 없는 기이함 속에서, 타자——친구 혹은 적——를 파악할 수 없는 데서 생겨난다. 거부는 도덕적 가치와 기술적인 힘을 둘러싸고 자기 자신과 완전히 동일시하는 데에 뿌리를 박고 있다. 이는 바로 자기를 미국이라고 생각하는 미국, 타자성을 추구하면서 터무니없는 연민으로 자신을 훔쳐보는 미국이다.

여기서 미국이 역경의 두려움을 견뎌낼 수 없는 모든 힘의 보편적 비유에 불과하다는 사실에 합의합시다. 어리석거나 정신병질적이거나 광신적이 될지도 모르지만, 타자가 우리의 보편적 복음서에 동조하려는 욕망조차 없는데도 어떻게 결정적으로 달라지기를 바랄 수 있을까?

이것이 바로 제국의 오만이다. (보르헤스의 우화(《거울의 사람들》)에서처럼 말이다.) 예를 들면 패배한 사람들은 거울 뒤로 추방되는데, 이때 그들은 정복자들의 이미지를 반영할 수밖에 없게 된다. (그러나 어느 날 그들은 그들의 정복자들을 점점 덜 닮기 시작하다가, 마침내 거울을 부수고 제국 공격에 나선다.)

이는 '친애하는 성전주의자들' [8]에게 보낸 필립 뮈레 [9]

의 편지에서 볼 수 있듯이 유사함의 거울 뒤로 똑같이 추방되는 것이다. "우리는 성전주의자들이자 테러리스트들인 당신들을 만들어 내었다. 당신들은 결국 유사함에 사로잡히게 될 것이다. 우리는 당신들에게 당신들의 급진성을 떠넘겼다. 우리는 그렇게 할 수 있다. 왜냐하면 우리는 모든 것에 무관심하고, 우리 자신의 가치에도 무관심하기 때문이다. 당신들은 우리를 죽일 수 없다. 왜냐하면 우리는 이미 죽었기 때문이다. 당신들은 우리와 싸운다고 생각하지만, 당신들은 무의식적으로는 우리의 친구들이다. 당신들은 이미 동화되어 있다." 아니면 "당신들은 좋은 일을 했지만, 당신들은 특수한 개체들로서 계속

---

8) 필립 뮈레의 책 《친애하는 성전주의자들…》은 9·11 테러 사건 이후 최후의 인간, 즉 니체적인 의미에서 탈역사적인 현대 서구인이 자신의 죽음을 바라는 이슬람 적에게 보내는 편지의 형식을 띠고 있다. 요컨대 이 책은 서구의 문명이 실제로 무엇인지, 서구의 문명이 과도한 테크놀로지에 결부된 자체의 취약성에도 불구하고 어째서 지배하는지를 다루고 있다. 이러한 관점에서 보면, 이 책은 우리 세계에 대한 암시적 간과법을 사용하는 비판서가 되고자 한다. 다른 관점에서 보면, 이 책은 세계무역센터의 공격에서 비롯된 상황에 대한 종합적이고 명쾌한 분석서이다. 〔역주〕
9) 필립 뮈레(Philippe Muray)는 프랑스의 소설가이자 작가이다. 그는 소설 《쥐빌라》 《후손》 《누군가 문 닫는다》를 썼으며, 특히 주목받을 만한 수많은 시론들 《선의 지배》 《정신적 위안 I, II》 《완전한 불일치》를 발표했다. 〔역주〕

해서 자살을 했다……. 당신들은 당신들의 행위 자체에 의해 당신들이 증오하는 세계적 게임 속으로 들어갔다.”

이는 몰락해 가는 우리 문화의 비천함에 대한 확인된 사실일 뿐만 아니라, 적대적이거나 적대적인 것 같은 모든 폭력의 실패에 대한 확인된 사실이기도 하다. 가엾은 반역자들, 가엾은 순진한 사람들! “우리가 당신들보다 더 많이 죽기 때문에, 우리는 당신들을 이기는 것이다!” **그러나 동일한 죽음은 문제가 되지 않는다.** 자신의 모든 가치들이 하나씩 소멸되는 것을 보게 되면, 서구 문화는 최악을 향해 나아가게 된다. 우리의 죽음은 소멸이자 절멸이다. 이는 상징적 내기가 아니다. 바로 거기에 우리의 불행이 있다. 특수한 개체가 자신의 죽음을 걸게 되면, 특수한 개체는 더디게 진행되는 전멸로부터 벗어나며 아름다운 죽음으로 사라진다. 이는 생사를 걸고 해보는 엄청난 게임이다. 특수한 개체는 자살하면서 동시에 타자를 살해한다. 테러 행위는 글자 그대로 서방을 ‘살해’ 했다고 말해질 수 있다. 따라서 죽음에는 죽음으로 대응할 뿐이지만 상징적 내기로 미화된다. “우리는 우리의 세계를 이미 황폐하게 했다. 당신들은 무엇을 더 원하는가?” 라고 뮈레는 말한다. 그러나 정확히 말해서 이 세계를 우리는 계속해서 황폐하게 했으며, 여전히 이 세계를 파괴해야 한다. 상징적으로 이 세계를 파괴해야 한다. 이는 전혀 동일한 방식이 아니다. 만약 우리가 맨 먼저 그렇게 했다면, 오직 타자들만이 그렇게 할 수 있을 것이다.

보복과 전쟁에서까지도, 사람들은 똑같은 상상력 부족을 볼 수 있다. 말하자면 타자를 완전히 적으로 똑같이 간주할 수 없음을 볼 수 있으며, 적을 간단히 전멸시키고 사라지게 하는 똑같은 마술적 해결책을 볼 수 있다.

이슬람을 악의 화신으로 삼는 것은 여전히 이슬람을 명예롭게 하는 것(동시에 명예가 되는 것)일지도 모른다. 그러나 이슬람은 이렇게 이해되지 않는다. 이슬람이 악이라고 말해지면 **이슬람이 악화되고**, 이슬람이 혼란스럽다는 것을 암시하게 된다. 그리고 이슬람이 혼란스럽기 때문에, 이슬람이 스스로 모욕당한 희생자로 느끼기 때문에, 이슬람이 새로운 세계 질서 속에 기꺼이 편입되는 대신 자신의 원한을 품기 때문에 폭력적이 된다는 것을 암시하게 된다. 이슬람은 퇴행적이며, 유감스럽게도 근본주의적이다. 그러나 이슬람이 공격적이 되면, 이슬람은 무력하게 될 수밖에 없다. 요컨대 이슬람은 그 무엇이 될 수 있는 것이 아니다. 그렇다면 서방은 어떠한가?

마찬가지로 이 '광신자들'이 맹목적이지도 무의식적이지도 조종당하지도 않은 채 완전히 자유롭게 가담할 수 있다고 생각할 수는 없다. 왜냐하면 우리는 선과 악을 평가하는 독점권을 갖고 있기 때문이다. '자유롭고 책임 있는' 유일한 선택이 우리의 도덕 규범에 적합할 수밖에 없는 것은 말할 것도 없다. 누가 모든 저항이나 모든 위반을 우리의 가치 탓으로, 의식을 잃은 상태 탓으로 돌리는가? (하지만 이 의식을 잃은 상태는 어디서 기인하는 것인가?) '자유롭고 양식 있는' 사람이 선을 필연적으로 선택한다는 것은 우리의 보편적——역설적——인 편견이다. 왜냐하면 이 '합리적' 선택을 한 사람은 더 이상 자신의 결정으로부터 자유롭지 못하기 때문이다. (정신분석학 역시 이 '저항'을 해석하는 데 전문화되었다.)

이 점에 대해 리히텐베르크는 무엇인가 매우 기이하고 매우 기묘한 것을 말한다. 즉 자유의 올바른 사용은 자유를 남용하거나 자유를 지나치게 사용하는 것이라는 것을. 여기에 자기 자신의 죽음과 타자의 죽음을 수용하는 것이 포함된다. 그리하여 '비겁한'이라는 터무니없는 형용어가 테러리스트들에게 붙여진다. 말하자면 자살을 선택했기 때문에 비겁하며, 무고한 사람들을 희생시켰기 때문에 비겁하다는 것이다. (물론 이때 그들은 천국에 이르기 위해 그런 행위를 하는 것에 대해 비난받지 않는다.)

그래도 인간의 삶을 무조건적으로 존중해야 한다는 도덕적인 절대적 필요성을 뛰어넘으려고 해야 할 것이며, 또한 사람들이 타자와 자기 자신 속에서 다른 것을 존중하고 나아가 삶(삶은 전부가 아니며, 심지어 가장 보잘것없는 것이다)보다 운명, 명분, 자존심·자부심의 형태나 희생의 형태를 존중할 수 있다고 생각해야 할 것이다. 거기에는 삶과 자유를 단연 넘어서는 상징적 내기가 있다——우리의 관점에서 보면 삶과 자유의 상실은 참을 수 없는 것이다. 왜냐하면 우리는 삶과 자유를 보편적인 인간주의적 질서의 맹목적 가치로 삼았기 때문이다. 따라서 우리는 완전히 자율성과 '자유로운 의식' 속에서 저질러진 테러 행위를 상상할 수 없는 것이다. 그런데 상징적 강제성으로서의 선택은 때때로 매우 수수께끼 같다——예를 들어 이중 생활을 하는 사람인 로망은 자신의 가족 전체를 살해하게 된다. 이는 자신의 정체가 드러날까 봐 두려워서가 아니라, 자신의 위장을 발견하고 느끼게 될 깊은 실망을 자신의 가족들에게 줄까 봐 두려워서이다.

자살은 죄를 없애지 못할지도 모른다. 자살은 수치심을 다른 사람들에게 단순히 떠맡기는 것일지도 모른다. 용기는 어디에 있으며, 비겁함은 어디에 있는가? 자유의 문제, 즉 자신의 자유나 다른 사람들의 자유의 문제는 더 이상 도덕적 의식의 차원에서 제기되지 않는다. 탁월한 자유는 도덕적 의식을 남용하거나 희생시킬 정도로 우리에게 도덕적 의식을 이용하게 할 수 있어야 한다. 오마르 하이얌[10]은 이렇게 말했다. "1천 명의 노예를 해방시키는 것보다 단 1명의 존재를 부드럽게 노예로 만드는 것이 낫지 않을까요?"

이러한 관점에서 보면 사람들이 목격하는 것은 거의 지배적인 변증법의 역전, 즉 주인과 노예 관계의 역설적인 역전이다. 예전의 주인은 죽음의 위험을 무릅쓰고 죽음을 걸 수 있는 사람이었다. 노예는 죽음과 운명을 잃은 채 생존하여 일할 수밖에 없는 사람이었다. 그러나 오늘날

---

10) 오마르 하이얌(Omar Khayyam, 1048-1131)은 페르시아의 시인·천문학자·수학자였다. 그는 대수학의 발전에 크게 기여했으며, 정치적인 것에서부터 심오한 정신 세계에 이르기까지 삶의 다양한 양상을 이야기하고 있는 4행 연작시 《루바이야트 *Rubáiyát*》로 유명하다. 〔역주〕

주인과 노예는 어떠한가? 이제 죽음을 피하여 사방에서 과보호를 받고 있는 강자들인 우리가 노예의 지위를 차지하는 반면, 자신의 죽음을 이용하고 우리처럼 생존을 유일한 내기로 삼지 않는 사람들은 상징적으로 주인의 지위를 차지한다.

9·11 테러 행위의 경우 테러 행위의 동기에 대해서가 아니라 테러 행위의 상징적 내용에 대해 근거 있는 다른 반론이 있을 수 있을 것이다. 9·11 테러 행위에는, 말하자면 승승장구하던 세계화의 논리에 대한 이 극단적인 도전에는 본래의 뜻으로 (가치의 역전과 변화를 내포하는) 상징적 행위가 문제되는가? 예를 들면 캐롤라인 하인리히에 의하면, 가치 체계와 보다 나은 현실 체계를 고려하여 시뮬레이션과 무관심의 논리에 맞서면서 테러리스트들은 자기 정체성의 새로운 논리만을 부활시켰을지도 모른다. "무관심의 논리에 맞서, 테러리스트들은 어떤 의미를 더 이상 의미를 갖지 않는 것으로 만들려고 한다"고 그녀는 말한다. 우리의 관점에서 보면 실재가 있는 그대로의 것, 말하자면 지시적 환상이기 때문에 테러리스트들은 이 실재 대신 새로운 내기, 시대의 깊숙한 곳에서

생겨난 새로운 가치들을 계속 사용할지 모른다.

필립 뮈레가 테러리스트들을 비난하는 것은 이러하다. "우리는 우리의 모든 가치들을 청산했다. 이는 심지어 우리의 모든 역사가 지니는 의미이기도 하다. 당신들은 우리로 하여금 당신들의 비현실적 가치, 당신들의 비현실적 정체성, 당신들이 해체된 세계와 대립시켜 놓는 당신들의 '본래대로의 상태'에 이르게 한다." 테러리스트들은 '시뮬레이션의' 지시 대상들(빌딩, 거래, 서구의 거대-문화)을 실제 지시 대상으로 착각한다. 비인간적인 완전한 교환에 맞서, 테러리스트들은 (언제나 캐롤라인 하인리히에 의하면) 또다시 진리의 형이상학을 창시한다. 그런데 중요한 것은 시뮬레이션을 공격하는 것이 아니라 **진리 자체를 공격하는 것이다.** 진리에 빠져들기 위해서라면 어떠한 것도 시뮬라크르를 공격하지 못하게 된다. 현실에 빠져들기 위해서라면 어떠한 것도 가상을 공격하지 못하게 된다.

캐롤라인 하인리히에 의하면, 테러리스트 자신들이 완전히 시뮬레이션 속에 있기 때문에 테러 행위는 모델들에 의해 산출된다. 테러 행위는 실재에 대해 모델의 균형을 잡으려고 하는 주목할 만한 예이다. (할리우드의 영화

제작 진행 감독들은 반테러 전략가들에 의해 영향을 받았다.) 다른 한편으로 테러리스트들의 행위는 시스템의 기술적 장치를 전적으로 본받는다. 시스템과 같은 역할을 하면서 사람들은 어떻게 시스템의 목적성을 뒤엎을 수 있을까?

반론은 설득력 있지만, 반론이 테러리스트들의 종교적이고 근본주의적인 담론으로 만족한다는 점에서는 단순화하는 것이다. (사실 이러한 담론을 통해서 테러리스트들은 실제로 탁월한 진리의 이름으로 세계적 시스템을 부정하기를 바란다.) 그러나 이러한 행위를 상징적 행위로 만드는 것은 담론을 통해서가 아니라 '최소한의 가역성의 뜻하지 않은 출현'이라는 행위 자체를 통해서이다. 테러리스트들은 다른 세계 속에서 의미도 실제 기준도 갖지 못하는 어떤 행위를 통해 완전한 현실 체계를 파괴한다. 그저 단순히 자신의 무기에 따라——자신의 가치와 무관한——시스템을 파괴하는 것이 문제이다. 자신의 기술적인 무기보다 훨씬 더 테러리스트들이 제 것으로 삼고, 결정적인 무기로 삼는 본질적인 것은 바로 시스템 한가운데에 있는 이 무의미와 무관심이다.

이는 역전의 전략이자 힘의 방향 전환이라는 전략인데,

도덕적 또는 종교적 대립이나 어떤 '문명 충돌'을 고려한 것이 아니라 이 세계적인 힘을 무조건적으로 수용할 수 없음을 고려한 것이다.

게다가 수용할 수 없는 세계 질서를 찾아내기 위해 이슬람주의 지지파가 될 필요도 없고, 탁월한 진리에 호소할 필요도 없다. 이슬람주의 지지파이든 아니든 간에 우리는 이 근본적인 거부를 함께한다. 이러한 힘의 중심에는 혼란·파괴·부서지기 쉬움이라는 많은 징후들이 존재한다. 이것이 바로 테러 행위의 '진리'이다. 거기에는 다른 진리도 없고, 특히 근본주의의 진리도 없다. (테러 행위의 명예를 보다 잘 실추시키기 위해 사람들은 테러 행위를 근본주의 탓으로 돌린다.)

테러리즘이 부활시키는 것은 차이와 일반화된 교환의 체계 속에서 협상되지 않는 무엇인가이다. 차이와 무관심은 서로 완벽하게 잘 협상된다. 센세이션을 일으키는 것은 등가물이 없는 것이다. 어떤 초월적 진리에도 테러 행위와 등가물은 존재하지 않는다.

캐롤라인 하인리히가 테러 행위와 철저한 상징적 행위로서의 낙서를 비교할 때(낙서가 아무것도 의미하지 않고 그 자체를 터무니없는 것에 이르도록 하기 위해 무의미한

기호들을 사용한다는 점에서), 그녀는 낙서가 정말 테러 행위라고 말하는 것을 믿지 않는다. (뉴욕은 낙서의 발생지와 같다.) 사실 낙서는 자기 정체성의 요구——"나는 언텔(Untel)이다, 나는 존재한다, 나는 뉴욕에 산다"——에 의해서가 아니라 벽과 도시 건축물의 비낙서에 의해서, 시니피앙 자체의 격렬한 해체에 의해서 테러 행위이다. (낙서를 그려넣은 낙서 지하철 열차는 뉴욕의 중심에까지 파고들었다. 마치 테러리스트들이 쌍둥이 빌딩에 그들의 보잉 비행기를 내던졌듯이 말이다.)

　문제는 실재에 관한 것이다. 지젝[11]에 의하면 20세기와 21세기의 열정은 실재에 대한 종말론적 열정이자, 사라졌거나 사라지고 있는 대상에 대한 향수적인 열정이다. 테러리스트들은 사실상 실재의 비장한 요구에 계속 응할지도 모른다.

---

　11) 슬라보예 지젝(Slavoj Zizeck, 1949- )은 자크 라캉의 정신분석학 세례를 받은 슬로베니아의 정신분석가이자 문화비평가이다. 이미 이 시대를 논할 때 빠지지 않는 주요 사상가의 반열에 오른 그는 억압된 무의식에서 좀처럼 눈을 떼지 않는 정신분석학의 패러다임 아래 현대의 문화와 정치 현상을 바라보고 있다. 다시 말하면 수많은 정치적 사건과 문화적 사례를 통해 그는 철학·정치·사회·문화를 '삐딱하게' 바라보고 있다. 〔역주〕

필립 뮈레의 관점에서 보면 성전주의자들의 테러리즘은 사라져 가는 실재의 폭발에 불과하다. 말하자면 사라지기 직전에 있기 때문에 경직되는 비극적 역사, 과정을 끝내고 있는 비극적 역사의 결말에 불과하다. 그러나 실재와 역사로의 회귀 명령 자체는 비장한 것이다. 왜냐하면 이 회귀 명령은 세계화라는 완전한 현실의 현단계가 아니라 이전의 단계에 해당하기 때문이다. 이 회귀 명령은 어떤 부정성에 의해서이건 현단계에 응할 수 없다. 그것은 실재와 아무 관련도 없는 특수한 개체의 뜻하지 않은 출현에 의해서만 세계적 시스템에 대한 '체제 유지주의자의' 공격에 응할 수 있게 된다.

9·11 테러 사건에 대한 가장 최근의, 가장 기발한 해석은 모든 것이 내적인 테러 음모(미국중앙정보국, 근본주의 극우파 등)에 의해 이루어졌다는 것이다. 이 주장은 의심스러운 펜타곤 비행기 공격과, 확대 해석하면 쌍둥이 빌딩 테러 행위로 명백해진다.(티에리 메상[12]의 《끔찍스러운 속임수》)

만약 모든 것이 거짓이었다면? 만약 모든 것이 속임수이었다면? 이 주장은 매우 비현실적인 것일지라도 마치 모든 예외적인 사건이 의심받을 만하듯이 고려될 만한 가치가 있다. 따라서 우리의 마음속에는 언제나 완전한 사건에 대한 요구와 동시에 완전한 속임수에 대한 요구가 존재한다. 게다가 매우 자주 입증되는 음모라는 환각이 존재한다. 온갖 종류의 집단과 비밀 기관들에 의해 연출되는 살인적인 도발·테러 행위·사건들은 셀 수 없을 만큼 많다.

우리가 결코 알 수 없는 사건의 진실을 넘어서 이 주장에 남아 있는 것은, 한 번 더 말하지만 지배적인 힘이 눈속임의 영역에 속하는 파괴와 폭력의 효과를 포함한 모든 것을 선동한다는 점이다. 가장 나쁜 일을 저지른 것은 바로 우리이다. 물론 이는 우리의 민주주의적 가치에서 보면 영예롭지 못하지만, 우리에게 이러한 패배를 안겨

---

12) 티에리 메상(Thierry Meyssan)은 정치학을 공부한 후 개인의 자유를 옹호하는 국제협회에서 활동했으며, '조사하는' 저널리즘 쪽으로 나아갔다. 국제 시사 문제를 관찰하는 그는 펜타곤 테러를 찍은 사진들의 의심스러운 면에 대해, 그리고 세계무역센터를 포함한 공식 선언들에 대해 의아심을 품고 치밀한 조사를 했다. 2002년 3월 7일에 출간된 《끔찍스러운 속임수》에서 그는 9·11 사건의 비밀을 폭로하고, 미국 국가 기관의 권력 이동과 군대 예산의 엄청난 증가를 분석한다. 게다가 그는 아프가니스탄 전쟁의 숨겨진 목적과 '테러리즘 전쟁'의 은밀한 조작을 고발한다. 〔역주〕

다 주는 무명의 성전주의자들의 힘을 인정하는 편이 훨씬 더 낫다. 로커비에서의 보잉 비행기 추락[13]의 경우, 사람들은 테러 행위의 가정보다 기술적 결함의 가정을 오랫동안 선호했다. 설사 자기 자신의 결함을 인정하는 것이 중대한 일이라 할지라도, 이는 타자의 힘을 인정하는 것보다 훨씬 낫다. (이는 악의 축을 편집광적으로 폭로하는 것을 막지는 못한다.)

만약 이러한 속임수가 가능하다는 사실이 밝혀진다면, 만약 사건이 완전히 조장되었다면 분명히 사건은 어떠한 상징적 효과도 지니지 못한다. (만약 쌍둥이 빌딩이 내부에서 파괴되었다면——비행기의 추락이 쌍둥이 빌딩을 무너뜨리는 데 충분하지 못하기 때문에——쌍둥이 빌딩이 자살했다고 말하기는 매우 어려워진다!) 단지 정치적인 음모가 문제될 뿐이다. 그렇지만…… 설사 이 모든 것이 과격주의자들이나 군인들의 어떤 패거리가 저지른 행위일지라도, 이는 그래도 하나같이 파멸로 몰고 가는 사회의 모호한 경향의 징후이자 자동 파괴적인 내적 폭력의 징후

---

13) 1988년 12월 21일 스코틀랜드 로커비(Lockerbie) 마을 상공에서 2백70명의 승객을 태운 보잉 비행기 747이 폭발한 사건이다. 이 사건은 전세계 비극의 상징이 되었다. 〔역주〕

(오클라호마 시(市)의 테러 행위의 경우처럼)가 될 것이다. 물론 이때 하나같이 파멸로 몰고 가는 사회의 모호한 경향은 정보를 서로 중화시키면서 테러리스트들에게 성공할 놀라운 기회를 부여했던 미국중앙정보국과 미국연방수사국 간의 첨예한 대립에 의해 설명될 것이다.

9·11 테러는 현실의 문제를 강력하게 제기했을지도 모른다. 사실 음모에 대한 근거 없는 가정은 현실의 상상적 부산물에 불과하다. 그래서 이 주장은 사방에서 격렬하게 배격되었을지도 모른다. 이는 이 주장이 반미국적인 것으로 알려질 수 있고, 테러리스트들의 무고함을 밝혀 주기 때문일까? (하지만 테러리스트들의 무고함을 밝혀 주는 것은 그들을 사건의 책임으로부터 벗어나게 하는 것이다. 이는 경멸적인 관점과 일치하는데, 이 관점에 의하면 이슬람주의 지지파들은 결코 이러한 성과를 거두지 못했을지도 모른다.) 아니, 반발의 폭력을 설명하는 것은 오히려 이 주장이 지니는 '나치 독가스실의 존재를 부인하는' 양상이다. 현실의 부정이란 그 자체가 본래 테러적인 것이다. 모든 것은 현실을 그 자체로서 부정하는 것보다 더 낫다. 보전해야만 하는 것은 무엇보다도 현실 원칙이다.

나치 독가스실의 존재를 부인하는 주의는 최대의 공공의 적이다. 그런데 사실 우리는 이미 오래 전에 나치 독가스실의 존재를 부인하는 사회 속에 살고 있다. 어떠한 사건도 더 이상 '실재'가 아니다. 테러 행위, 소송, 전쟁, 타락, 여론 조사, 즉 속임수를 쓰거나 진위를 결정할 수 없는 어떠한 것도 실재가 아니다. 힘, 권위, 제도들은 진리 원칙과 현실 원칙의 상실에서 비롯된 첫번째 희생물들이다. 불신이 맹위를 떨치고 있다. 음모라는 주장은 정신적으로 불안정한 상황에 오히려 터무니없는 에피소드를 계속 덧붙여 놓는다. 그리하여 은밀히 퍼져 나가는 나치 독가스실의 존재를 부인하는 주의를 공격하고, 어떤 대가를 치르더라도 지속 주입되는 현실을 보호해야 할 절박함이 생겨난다. 왜냐하면 테러리즘과 구체적인 불안에 우리가 억압과 억지 장치로 맞선다면, 어떠한 것도 이 정신적 불안으로부터 우리를 보호하지 못할 것이기 때문이다.

게다가 공공의 안전을 위한 모든 전략들은 공포의 연장에 불과한 것이다. 서방 전체를 공공의 안전을 위한 강박 관념 속에, 말하자면 끊임없는 공포라는 베일을 쓴 형태 속에 빠뜨린 것이 바로 테러리즘의 진정한 승리이다.

테러리즘의 위협은 서방 세계로 하여금 공포에 떨게

만든다. 전세계의 경찰망은 일반적인 냉전의 긴장, 즉 집단과 풍속 속에 포함되는 제4차 세계대전의 긴장이나 마찬가지이기 때문이다.

따라서 이 세상의 권력자들은 테러리즘이 냉전에 종지부를 찍는다는 것을 일제히 선언하는 조약을 조인하기 위해 최근 로마에 모였다. 그러나 그들은 공항에서 빠져나오지 못했다. 그들은 비행기의 계류장과 도로에 집결하였고, 장갑차·철조망·헬리콥터에 둘러싸여 있었다. 말하자면 그들은 무장한 안전이라는 새로운 냉전, 보이지 않는 적을 끊임없이 억제하려는 새로운 냉전의 모든 상징들로 둘러싸여 있었던 것이다.


정치적으로나 경제적으로 쌍둥이 빌딩의 파괴는 세계적인 시스템을 꼼짝 못하게 하지 못한다. 이와 다른 것이 문제가 된다. 말하자면 심리적 동요를 일으키는 공격, 그 파렴치한 성공, 신뢰 상실, 이미지 추락이 문제가 된다. 왜냐하면 자기 자신의 이미지와 교환될 수 있고, 상사성(相似性)을 지닌 쌍둥이 빌딩처럼 반사될 수 있으며, 이상적인 기준 속에서 자신의 등가물을 발견할 수 있을 때에만 시스템은 작동할 수 있기 때문이다. 이는 시스템을 손상시킬 수 없는 것으로 만든다――그런데 산산조각난 것은 이 등가물이다. 바로 이러한 점에서 테러리즘과 마찬가지로 파악할 수 없는 것이 되면서 시스템은 중심에 타격을 받았다.

# 3

## 세계적인 것의 폭력

오늘날의 테러리즘은 무정부주의·허무주의·광신의 전통적 역사를 계승하는 것이 아니다. 테러리즘은 세계화와 동시에 발생한다. 테러리즘의 특성을 파악하려면 세계화와 보편적인 것, 특이한 것과의 관계를 통해서 이 세계화의 간단한 계보학을 다시 만들어야 한다.

'세계적' '보편적'이라는 용어들 사이에는 기만적인 유사성이 있다. 보편성은 인간 권리·자유·문화·민주주의의 보편성이다. 세계화는 기술·시장·관광·정보의 세계화이다. 세계화는 불가역적인 것처럼 보인다. 반면에 보편적인 것은 오히려 사라지고 있는지도 모른다. 어쨌든 보편적인 것이 어떤 다른 문화에도 유례없는, 서구 현대성에 부합되는 가치 체계로 구성되었듯이 말이다.

보편화되는 모든 문화는 자신의 특이성을 상실하며 사

라져 간다. 우리가 파괴했던 모든 문화들에 대해서도 마
찬가지이다. (보편적인 것의 주장을 통해서 이러한 문화들
을 억지로 동화시킬 뿐만 아니라 이러한 문화들을 우리의
문화와 동일시하면서 말이다.) 차이는 다른 문화들이 그들
의 특이성으로 사라진다는 점이다. (이는 아름다운 죽음
이다.) 반면에 우리는 모든 특이성의 상실로, 우리의 모
든 가치의 소멸로 죽어간다. (이는 나쁜 죽음이다.)

모든 가치의 이상적 목표가 보편적인 것을 증대시키는
데——이러한 증대가 구성하는 치명적인 위험을 따져
보지도 않은 채——에 있다고 우리는 생각한다. 이는 가
치의 증대보다는 오히려 가치의 완전 부재로 향하는 가
치의 약화이다. 계몽주의 시대의 보편화는 상승하는 진
보에 따라 과도하게 이루어졌다. 오늘날 보편화는 최소
공통점을 향한 밀어붙이기에 의해 대충 이루어진다. 인
간 권리·민주주의·자유의 확장은 그것들의 가장 설득
력 없는 정의와 일치한다.

사실 보편적인 것은 세계화 속에서 사라진다. 교환의
세계화는 가치의 보편성을 끝장낸다. 이는 보편적 사유
에 대한 유일한 사유의 승리이다. 세계화되는 것은 무엇
보다도 시장, 과도한 교환과 넘쳐나는 제품, 돈의 끊임없

는 유통이다. 문화적으로 이는 모든 기호들과 가치들이 뒤섞인 것, 즉 포르노그래피이다. 왜냐하면 망의 흐름을 따른 모든 것과 어떤 것의 세계적 확산이 바로 포르노그래피이기 때문이다. 거기에는 성적 외설스러움에 대한 어떠한 욕구도 없다. 상호 작용적인 결합만으로 충분하다. 이러한 과정의 끝에는 더 이상 세계적인 것과 보편적인 것 사이의 차이가 없다. 보편적인 것 자체는 세계화되며, 민주주의와 인간의 권리는 어떤 세계적 제품처럼, 석유나 자본처럼 순환한다.

보편적인 것에서 세계적인 것으로 옮아가는 과정에서 일어나는 것은 끝없는 균질화와 세분화이다. 중심적인 것에 뒤이어 오는 것은 국지적인 것이 아니라 해체된 것이다. 중심을 향한 것에 뒤이어 오는 것은 중심을 잃은 것이 아니라 중심을 벗어난 것이다. 그리고 차별과 배제는 우연한 결과가 아니다. 차별과 배제는 세계화의 논리 자체 속에 있는 것이다.

그러므로 보편적인 것이 이미 자신의 임계 질량에 견뎌내지 못했는지, 보편적인 것과 현대성이 언젠가 담론과 확실한 윤리 아닌 다른 곳에서 존재했는지 모두들 의아하게 생각할 수 있다. 어쨌든 우리의 관점에서 보면,

보편적인 것의 거울은 깨어졌다. 그러나 이는 행운일지도 모른다. 왜냐하면 이 깨어진 거울의 파편들 속에서 모든 특수한 개체들이 다시 나타나기 때문이다. 다시 말하면 위협받는 것 같았던 모든 특수한 개체들이 살아남기 때문이며, 사라진 것 같았던 모든 특수한 개체들이 되살아나기 때문이다.

보편적 가치들이 영향력과 정당성을 상실하는 한 상황은 첨예화된다. 보편적 가치들이 중개적 가치로서 인정받는 한, 그것들은 차이로서의 특이성을 차이의 보편적 문화 속에 통합하는 데 다소 성공했지만 이제는 더 이상 그렇게 하는 데 성공하지 못한다. 왜냐하면 승승장구하던 세계화는 완전히 다른 문화(또는 비문화)를 창시하는 모든 차이와 모든 가치들을 사라지게 하기 때문이다. 일단 보편적인 것이 사라지면, 다시 잔인해지고 자기 자신에 전념하는 특수한 개체들에 직면한 강력한 세계적인 전문 기술 관리 집단[14]만이 남게 된다.

---

14) 미국의 경제학자 갤브레이스(Galbraith)가 만든 용어로 행정부의 테크노크라트, 특별위원회의 기술자·전문가, 대기업의 간부처럼 현대 사회의 중요한 의사 결정에 참여하는 전문 기술 관리 집단(technostructure)이다. 〔역주〕

보편적인 것은 역사적인 행운을 지녔다. 그러나 오늘날 한편으로 해결책 없는 세계 질서에 직면하게 되었고, 다른 한편으로 특수한 개체들의 탈선이나 반란에 직면하게 되었다. 자유·민주주의·인간 권리의 개념들은 정말로 진부한 것처럼 보였다. 그것들은 사라진 보편적인 것의 환영에 불과했기 때문이다.

보편적인 것은 초월성의 문화, 주체와 개념의 문화, 실재와 재현의 문화였다. 세계적인 것의 가상공간은 스크린의 가상공간, 네트워크의 가상공간, 내재성의 가상공간, 디지털의 가상공간, 차원 없는 공간-시간의 가상공간이다. 보편적인 것 속에는 여전히 세계·집단·기억을 자연스럽게 참조하는 것이 있었다. 일종의 변증법적 지향과 비판적 운동은 역사적·혁명적 폭력 속에서 자신들의 형태를 발견했다. 이 비판적 부정성을 몰아냄은 다른 종류의 폭력, 즉 세계적인 것의 폭력으로 지평을 확장한다. 말하자면 지배적인 유일한 확실성과 기술적 효율성, 완전한 조직, 완전한 순환, 동등한 모든 교환으로 지평을 확장한다. 그리하여 진리와 보편적인 것에 연결된 지식인의 최후의 역할뿐만 아니라 모순과 역사적 폭력에 연결된 투사의 역할도 생겨난다.

세계화가 지니는 숙명은 있을까? 우리의 문화와 다른 모든 문화들은 어떤 방식으로든 무관심한 교환의 숙명으로부터 벗어났다. 보편적인 것과 세계적인 것으로 옮아 가는 위험 수위는 어디에 있을까? 세계를 관념의 추상에 이르게 하는 이 현기증은 무엇이며, 무조건적으로 관념을 객관적인 실재로 간주하려고 하는 저 다른 현기증은 무엇일까?

왜냐하면 보편적인 것은 하나의 관념이었기 때문이다. 관념이 세계적인 것 속에서 표현될 때 관념은 관념으로서, 이상적인 종말로서 자살한다. 지시하는 유일한 심급이 되어 버린 인간, 즉 자기 자신에 내재하는 인간이 죽은 신의 빈자리를 차지했기 때문에 이제 인간은 혼자서 지배한다. 그러나 그는 더 이상 궁극적인 이유를 지니지 않는다. 더 이상 적이 없기 때문에 그는 내부로부터 적을 만들어 내며, 온갖 종류의 비인간적인 전이를 퍼뜨린다.

바로 거기에서 세계적인 것의 폭력이 생겨난다. 다시 말하면 죽음이라는 특이성의 최후 형태를 포함한 부정성, 특이성의 모든 형태를 몰아내는 시스템의 폭력——사실상 분쟁과 죽음이 금지된 것이나 다름없는 우리 사회의 폭력——어떻게 보면 폭력 자체를 끝장내는 폭력,

그것이 육체의 질서이든 성의 질서이든, 탄생이나 죽음의 질서이든 모든 자연 질서로부터 벗어난 세계를 구성하려고 하는 폭력이 생겨난다. 폭력에 대해 말하는 것 이상으로 독성에 대해 말해야 할지도 모른다. 이러한 폭력은 바이러스성이다. 그것은 감염에 의해 연쇄 반응으로 작용한다. 또한 그것은 우리의 모든 면역성과 저항력을 서서히 파괴한다.

그러나 더 이상 어떻게 해볼 도리가 없는 것은 아니다. 세계화는 아직은 불확실하다. 약화시키는 균질한 힘에 맞서 사람들은 도처에서 불균질한 세력——다를 뿐만 아니라 적대적이기도 한 세력——이 생겨나는 것을 보게 된다. 세계화에 대한 점점 더 격렬한 저항, 즉 정치적·사회적 저항의 이면에서 시대에 뒤진 거부보다는 오히려 현대성과 '진보'의 경험에 관한 일종의 근본적인 수정주의를 파악해야 하며, 나아가 세계적인 전문 기술 관리 집단에 대한 거부뿐만 아니라 모든 문화의 등가치한 정신적 구조에 대한 거부도 파악해야 한다. 이 불균질한 세력의 출현은 우리의 양식 있는 사유에서 보면 폭력적·변칙적·비합리적인 양상을 지닐 수 있다. 다시 말하면 민족적 · 종교적 · 언어적 집단 형태뿐만 아니라 성격 장애적 또는 신경증적 개인 형태를 지닐 수 있다. 시대에 뒤진 민중주의적 · 테러적인 폭발을 비난하는 것은 잘못된 생각일지도 모른다. 오늘날 센세이션을 일으키는 모든 것은 서구 가치들에 대한 이슬람의 적대감(이는 오늘날 이슬람이 최대의 적이라는 사실에 대해 가장 격렬한 항의를 하기 때문이다)을 포함하여 이 추상적 보편성에 맞서는 것이다.

누가 세계적인 시스템을 꼼짝 못하게 만드는가? 확실히 반세계화 운동은 규제 완화를 억제하는 것만을 목표로 삼지 않는다. 정치적 효과는 엄청나지만, 상징적 효과는 전혀 없다. 이러한 폭력은 시스템이 작동을 지배하면서 극복할 수 있는 일종의 내적인 돌발적 사건이다.

시스템을 꼼짝 못하게 만들 수 있는 것은 확실한 교체가 아니라 특수한 개체들이다. 그런데 특수한 개체들은 긍정적이지도 부정적이지도 않다. 특수한 개체들은 하나의 해결책이 아니며, 다른 차원에 속하는 것이다. 특수한 개체들은 더 이상 가치 판단이나 정치적 현실 원칙에 따르지 않는다. 따라서 특수한 개체들은 가장 좋은 것이나 가장 나쁜 것이 될 수 있다. 특수한 개체들은 전체적인 역사적 행위 속에서 연합될 수 없다. 특수한 개체들은 모든 지배적인 유일한 사유를 패배하게 만든다. 그러나 특수한 개체들은 유일한 사유에 반하는 존재가 아니다. 특수한 개체들은 자신들의 게임과 자신들의 게임 규칙을 만들어 낸다.

특수한 개체들은 반드시 폭력적이지는 않다. 언어의 특이성, 예술의 특이성, 육체의 특이성이나 문화의 특이성처럼 미묘한 특이성들이 존재한다. 그러나 폭력적인 특수한 개체들이 존재한다——그리고 테러리즘은 하나의 특이성이다. 특이성은 자신들의 사라짐으로 이 유일한 세계적인 힘을 새로 만들어 낸 모든 특이한 문화들에 복수하는 것이다.

따라서 문제는 '문명 충돌'이 아니라 미분화된 보편적인 문화와, 어떤 영역에서이든 무엇인가 환원 불가능한 타자성을 지니는 모든 것 사이에서 이루어지는 거의 인류학적인 대립이다.

종교적 교리와 마찬가지로 체제 유지주의적인 세계적인 힘의 관점에서 보면 특이하고 다른 모든 형태들은 이단적인 것들이다. 이러한 이유로 특이하고 다른 모든 형태들은 자발적이건 강제에 의해서이건 간에 세계 질서 속에 편입되거나 사라질 수밖에 없다. 서방의 사명(아니 오히려 전(前)서방의 사명——서방이 오래 전부터 고유한 가치를 지니지 못하기 때문에)은 온갖 방법으로 다양한 문화들을 냉혹한 등가 법칙에 따르게 하는 것이다. 자신의 가치를 상실한 문화는 타자의 문화들에 대해 복수할 수밖에 없다. 심지어 전쟁들——아프가니스탄 전쟁——조차도 정치적·경제적 전략을 넘어서 잔혹성을 당연한 것으로 만들고, 모든 영토를 정렬해 놓는 것을 목표로 한다. 사실 이러한 목표는 지리적 공간 속에 있든 정신적 세계 속에 있든 간에 저항하는 모든 지역을 정복하고, 무질서한 모든 공간을 점령하여 통제하는 것이다.

세계적인 시스템의 확립은 냉혹한 경쟁 의식에서 비롯된 결과이다. 다시 말하면 고급 문화에 대한 관심을 끌지 못하는 저급 문화의 경쟁 의식——강력한 문화에 대한 강력하지 못한 탈매혹적인 시스템의 경쟁 의식——희생적인 문화나 형태들에 대한 신성하지 못한 사회의 경쟁 의식에서 비롯된 결과이다.

어떤 시스템의 관점에서 보면, 저항하는 모든 형태는

테러적인 것이나 다름없다.[15] 예를 들면 아프가니스탄의 경우가 그러하다. 어떤 영토에서 모든 민주주의적 자유와 모든 방종(음악, 텔레비전, 여성이 드러내는 얼굴)이 금지되고 있든, 한 국가가 우리가 문명이라고 부르는 것과 완전히 정반대의 입장을 취하든 간에——내세운 종교 원리가 무엇이건 간에——이는 다른 '자유' 세계에서는 정말 참을 수 없는 것이다. 현대성이 보편적인 주장 속에서 부인되는 것은 문제되지 않는다. 현대성이 선의 명백함

---

15) 심지어 자연 재해도 테러리즘의 한 형태라고 주장될 수 있다. 체르노빌 사고처럼 중대한 기술적 사고 역시 테러 행위인 동시에 자연 재해에 속한다. 인도 보팔에서 발생한 유독 가스 중독——기술적 사고——은 테러 행위였을지도 모른다. 테러 집단은 어떤 우발적인 항공기 추락을 주장할 수 있다. 비이성적인 사건의 특징은 어느 누구에게이든 어떤 것에이든 책임을 전가할 수 있다는 것이다. 극단적인 경우 상상에 의한 모든 것이 범죄에 속할 수 있다. 심지어 한파나 지진도 범죄에 속할 수 있다——이는 전혀 새로운 사실이 아니다. 1923년 도쿄 지진 때 수천 명의 한국인들이 학살되었는데, 이는 지진 탓으로 돌려졌다.

우리의 시스템과 마찬가지로 통합된 시스템 속에서, 모든 것은 불안정한 동일한 효과를 지닌다. 모든 것은 과오를 범하려고 하지 않는 시스템의 장애에 협력한다. 합리적이고 계획적인 지배의 범위 내에서 우리가 이미 경험하고 있는 것에 비추어 보면, 최악의 재난이 시스템 자체가 과오를 범하지 않는 것이 아닌지 모두들 자문해 볼 수 있다.

과 인류의 자연적 이상처럼 보이지 않든, 우리의 풍속과 가치가 지니는 보편성이 의심스럽든 간에——설사 어떤 사람들의 관점에서 보면 광신적인 것으로 특징지어진다 할지라도——이는 서방의 유일한 사유와 합의에 의한 사고 방식에 비추어 보면 범죄적인 것이다.

이러한 대립은 상징적 강제성에 비추어 볼 때에만 이해될 수 있다. 서방에 대한 다른 세계의 증오를 이해하려면 모든 전망들을 뒤엎어야 한다. 이는 모든 것을 빼앗겼다가 아무것도 돌려받지 못한 사람들의 증오가 아니라, 모든 것을 받고서는 모든 것을 돌려 줄 수 없는 사람들의 증오이다. 따라서 그것은 박탈과 착취에 대한 증오가 아니라 굴욕에 대한 증오이다. 9·11 사건이 보여 준 테러리즘은 굴욕에 대응하는 것이다. 다시 말하면 굴욕에는 굴욕으로 대응하는 것이다.

세계적인 힘의 관점에서 보면, 최악은 공격당하거나 파괴당하는 것이 아니라 굴욕당하는 것이다. 세계적인 힘은 9·11 사건에 의해 굴욕당했다. 왜냐하면 테러리스트들은 세계적인 힘에게 자신이 돌려 줄 수 없는 무엇인가를 가했기 때문이다. 모든 보복은 물리적으로 보복하는

장치에 불과하다. (세계적인 힘이 상징적으로 무너졌는데
도 말이다.) 전쟁은 도전에 대응하지 않고 공격에 대응한
다. 도전은 상대에게 굴욕을 느끼게 함으로써만 대신 돋
보일 수 있다. (하지만 이는 확실히 상대를 폭탄으로 궤멸
시키거나 관타나모[16]에서 무자비하게 상대를 감금함으로써
가 아니다.)

모든 지배의 기초는 언제나 기본적인 규칙에 의하면
대가가 없는 것이다. 일방적인 증여는 힘을 행사하는 행
위이다. 선의 지배, 즉 선의 폭력은 정확히 말해서 가능
한 대가 없이 주는 것이다. 이는 신의 지위를 차지하는
것이다. 아니면 노동의 대가로 노예의 목숨을 살려 주는
주인의 지위를 차지하는 것이다. (그러나 노동은 상징적
인 대가가 아니다. 따라서 유일한 반응은 결국 반항과 죽음
이다.) 그래도 신은 희생을 허용했다. 전통적인 질서 속
에는 언제나 희생의 형태로 신에게, 자연에게, 혹은 어떤

---

16) 관타나모(Guantánamo)는 쿠바 남동부의 도시로 미국의 해군 기
지가 있는데, 이곳에 알카에다 용의자들과 탈레반 전사들이 감금되
어 있다. 미국은 그들에게 무자비하게 수갑을 채우고 눈을 가린 상
태로 생활하게 함으로써, 최근 관타나모 감옥 생활은 국제적인 논쟁
거리가 되었다. 〔역주〕

결정기관에게 돌려 줄 수 있는 가능성이 존재했다. 이는 존재와 사물의 상징적 균형을 확실하게 했다. 오늘날 우리는 어느 누구에게도 상징적인 빚을 갚을 수 없다. 그것은 바로 우리의 문화가 안고 있는 불행이다. 물론 이때 증여가 불가능한 것이 아니라 반증여(contre-don)가 불가능하다. 왜냐하면 모든 희생의 방식들이 약화되고 완화되었기 때문이다. (희생성의 모든 현재 형태들 속에서 볼 수 있는 희생의 패러디밖에 남아 있지 않다.)

따라서 우리는 신이나 자연으로부터가 아니라 일반화된 교환과 일반적인 욕구 충족의 기술적 장치에 의해 언제나 받아들이는 냉혹한 상황 속에 있다. 모든 것이 우리에게 주어진 것이나 다름없으며, 우리는 좋든 싫든 간에 모든 것을 받을 자격이 있다. 우리는 목숨은 살아남았지만 갚을 수 없는 빚에 얽매여 있는 노예들의 상황 속에 있다. 이 모든 것은 교환과 경제 질서 속에서 오랫동안 작동할 수 있다. 그러나 어떤 순간에 기본적인 규칙이 우위를 점유한다. 긍정적인 이동에 부정적인 반이동이 필연적으로 대응하며, 사로잡힌 삶·보호받는 삶·포화 상태에 이른 삶에 격렬한 해제 반응[17]이 대응한다. 이러한 전환은 열려진 폭력(테러리즘은 이러한 폭력에 속한다)의 형태를 취하거나, 우리 현대성의 특성인 무기력한 거부 · 자기 증오 · 회한의 형태를 취한다. 모든 부정적인 열정은 불가능한 반증여의 타락한 형태이다.

우리가 우리의 마음속으로 몹시 싫어하는 것, 즉 우리가 유감스럽게 생각하는 모호한 대상은 과도한 현실, 과도한 힘, 과도한 안락, 일반적인 처분 가능성, 결정적인 수행이다. 다시 말하면 도스토예프스키의 경우 최고 종교재판관이 예속된 대중들을 위해 미리 결정해 놓은 운명이다. 그런데 이는 바로 테러리스트들이 우리의 문화를 통해 비난하는 것이다——그리하여 테러리즘이 찾는 반향과 테러리즘이 발휘하는 마력이 생겨난다.

굴욕당한 사람들과 모욕당한 사람들의 절망에 기초를 두는 것과 마찬가지로, 테러리즘은 세계화의 특권을 부여받은 사람들의 보이지 않는 절망에, 완전한 테크놀로지와 결정적인 가상현실에의 우리 자신의 순응에, 종 전체와 '전세계' 인류의 내선적(內旋的) 윤곽을 그리는 망과 프로그램의 지배에의 우리 자신의 순응에 기초를 두고 있

---

17) 해제 반응(**abréaction**)은 정신분석 용어로, 억압에 의해 무의식화된 감정이 의식화 · 외면화되는 반응을 뜻한다. 〔역주〕

다. (다른 혹성에 대한 인류의 우위가 다른 세계에 대한 서방의 우위와 흡사한 것이 아닐까?) 보이지 않는 절망, 즉 우리의 절망은 돌이킬 수 없는 것이다. 왜냐하면 이 절망은 모든 욕망을 실현하는 데서 생겨나기 때문이다.

만약 테러리즘이 과도한 현실과 과도한 현실의 불가능한 교환에서 생겨난다면, 그리고 대가 없는 과잉과 분쟁의 불가피한 해결에서 생겨난다면, **객관적인 악으로서의 테러리즘을 근절하려는 환상은 완전하다**. 왜냐하면 있는 그대로, 자신의 불합리와 무의미를 통해 이 사회는 자기 자신에 대해 혹독하게 비판하고 비난을 가하기 때문이다.

# 테러리즘과 세계화

　오늘날의 테러리즘은 무정부주의·허무주의·광신의 전통적 역사를 계승하는 것이 아니다. 테러리즘은 무엇보다 세계화와 동시에 발생한다. 보드리야르는 9·11 테러는 문명이나 종교 간의 충돌이 아니라 승승장구하던 세계화의 덫에 걸린 것이라고 주장한다. 사실 세계화는 세계적인 것의 폭력으로 지평을 확장한다. 말하자면 세계화는 지배적인 완전한 시스템, 완전한 순환, 동등한 모든 교환으로 지평을 확장한다. 그러나 세계화는 아직은 불확실하다. 우리는 도처에서 세계화에 대한 점점 더 격렬해지는 저항, 모든 문화의 등가치한 구조에 대한 거부를 목격하게 된다. 문제는 부정성·특이성의 모든 형태를 몰아내면서 세계화를 이끌어 가는 시스템의 폭력이다. 그러면 누가 세계적인 시스템을 꼼짝 못하게 만드는가? 시스템을 꼼짝 못하게 만드는 것은 확실한 교체가 아니라 특수한 개체들이다. 특수한 개체들은 더 이상 가치 판단이나 정치적 현실 원칙을 따르지 않는다. 그들은 자신들의 사라짐으로 이 유일한 세계적인 힘을 새로 만들어 낸 모든 문화들에 복수한다. 따라서 순환과 교환으로 전적으로 해결되는 세계적인 시스템에 도전하는 힘이 존재한다. 다시 말하면 세계적인 시스템이 자신의 지배권을 확장함에 따라 매우 폭력적이고 확고부동한 특수한 개체들이 지니는 힘, 즉 테러리즘이 존재한다. 테러리즘은 단지 어떤 사태를 극단에, 절정에 이르게 한다. 테러리즘은 어떤 사태를 악화시키거나 폭력과 불확실성의 어떤 논리를 끝까지 밀고 나간다.

사실 논리적으로 생각해 보면 지난 5세기 동안 서방의 번영과 평화는 아메리카의 정복에서 콩고의 학살에 이르기까지 외부의 야만인에게 무자비한 폭력과 파괴를 수출한 결과로 얻어진 것이었다. 말하자면 서방의 번영과 평화는 세계의 다른 곳에서 지금도 진행중인 파국의 대가로 얻어진 것이다. 그 결과 서방의 번영과 평화를 유지해 온 세계적인 힘의 지배나 지배적인 시스템의 확립은 오히려 힘과 시스템을 파괴하려는 의지를 더욱 북돋운다. 예컨대 세계적인 힘의 지배나 세계적인 시스템의 확립은 자신의 파괴와 공모 관계에 있게 된다. 이 내적인 부정은 세계적인 힘이 전능에, 세계적인 시스템이 완벽에 가까이 다가가는 만큼 더욱더 강해진다. 특히 세계적인 시스템은 기술적으로 고도화됨에 따라 과보호·과코드화·과잉 관리에 의해 자신의 상징적 방어를 상실하기 때문이다. 따라서 모든 것은 일종의 예측할 수 없는 공모에 의해 이루어진다. 마치 시스템 전체가 자체의 내적 취약성에 의해 자체의 붕괴에 말려들고 테러리즘을 자극하듯이 말이다. 즉 모든 것은 시스템 전체에 도전하는 동시에 강력한 상징적 공격을 가한다. 그런데 이 상징적 공격은 하이테크 수단들과 결합되면 기술이 지나치게 고도화된 서방에 상상을 초월하는 엄청난 충격을 가져오게 된다.

여태껏 9·11 테러 사건이 일어나기 전에는 세계적 규모의 상징적인 사건은 없었다. 물론 20세기초에 발생한 하나의 파국을 알리는 타이타닉호의 침몰 사건이 있었지만, 이는 20세기 산업 문명의 위력을 드러내는 상징적인 사건에 불과했다. 세계무역센터의 붕괴에 어떤 상징성이 있다면, 그것은 세계적인 시스템을 꼼짝 못하게 만들 정도로 시스템의 중심이 타격을 받았다는 것이다. 모든 것을 산산히 부숴버린 테러의 충격은 오늘날의 디지털화된 세계와 '실재의 사막'인 제3세계를 분리하는 경계선의 배후를 대비시킬 때만 설명이 가능하다. 그것은 어떤 불길한 세력이나 힘이 우리를 완전히 파괴하기 위해 언제나 위협하고 있는 세계 속에서 우리가 살고 있다는 것을 깨닫는 일이다. 이제 우리는 테러 공격에 직면하게 되었다고 보드리야르는 말한다. 다시 말하면 우리는 결코 일어난 적이 없었던 모든 사건들을 집중시키는 순수한 사건에 직면하게 되었다. 그리고 우리 모두는 이러한 사건을 꿈꾸어 왔다. 왜냐하면 세계적인 힘을 파괴하는 것을 꿈꿀 수 있었기 때문이다.

물론 우리가 이 사건을 열망했다 하더라도, 예외 없이 모든 사람들이 이 사건을 열망했다 하더라도 그것은 서방의 윤리 의식으로는 받아들일 수 없는 것이다. "극단적으로 말해서 테러리스트들이 이 일을 저질렀지만, 그것은 우리가 원하는 바였다"고 보드리야르는 역설한다. 사실 이 점을 고려하지 않는다면 사건은 모든 상징적인 차원을 상실하게 된다. 말하자면 이 사건은 몇몇 광신도들이 저지른 살인적인 팡타스마고리(fantasmagorie), 즉 없애 버리면 되는 단순한 사건, 순전히 터무니없는 사건에 불과할 것이다. 그런데 이 사건은 그러한 성질의 사건이 아니다. 테러리스트들과 우리 사이의 이러한 깊은 공모가 없었다면 이 사건은 그렇게 커다란 반향을 일으키지 못했을 것이다. 상징적 전략의 면에서 테러리스트들은 이 '암묵적인 공모'를 기대할 수 있다는 것을 알고 있었을 터이다.

9·11 테러 사건에 대한 가장 기발한 해석은 모든 것이 내적인 공모(미국중앙정보국, 근본주의 극우파 등)에 의해 이루어졌다는 것이다. 이 주장은 의심스러운 펜타곤 비행기 공격과, 확대 해석하면 쌍둥이 빌딩의 테러로 명백해진다. 이 주장은 매우 비현실적인 것일지라도 마치 예외적인 모든

사건이 의심받을 만하듯이 고려될 만한 가치가 있다. 우리의 의식 속에는 매우 자주 입증되는 공모라는 환각이 존재하기 때문이다. 온갖 종류의 집단과 비밀 기관들에 의해 연출되는 살인적인 도발·테러 행위·사건들은 셀 수 없을 만큼 많다. 우리가 결코 알 수 없는 사건의 진실을 넘어서 이 주장에 남아 있는 것은, 지배적인 세계적 힘이 눈속임의 영역에 속하는 파괴와 폭력의 효과를 포함한 모든 것을 선동한다는 점이다.

9·11 테러 사건은 현실의 문제를 강력하게 제기했을지도 모른다. 사실 공모에 대한 근거 없는 가설은 현실의 상상적 부산물에 불과하다. 현실의 부정이란 그 자체가 본래 테러적인 것이다. 이제 어떠한 사건도 더 이상 실재가 아니다. 테러 행위, 소송, 전쟁, 타락, 여론 조사, 즉 속임수를 쓰거나 진위를 결정할 수 없는 것은 더 이상 실재가 아니다. 힘·권위·제도들은 진리 원칙과 현실 원칙의 상실에서 비롯된 것들이다. 불신이 맹위를 떨치고 있다. 테러리즘과 구체적인 불안에 우리가 억압과 억지 장치로 맞선다면, 어떠한 것도 이 정신적 불안으로부터 우리를 보호하지 못할 것이다.

사실 공공의 안전을 위한 모든 전략들은 공포의 연장에 불과한 것이라고 보드리야르는 주장한다. 서방 전체를 공공의 안전을 위한 강박관념 속에, 말하자면 끊임없는 공포라는 베일을 쓴 형태 속에 빠뜨린 것이 바로 테러리즘의 진정한 승리이다.

오늘날 사로잡힌 삶·보호받는 삶·포화 상태에 이른 삶에 격렬한 해제 반응이 대응한다. 이러한 전환은 열려진 폭력(테러리즘은 이러한 폭력에 속한다)의 형태를 취하거나 거부·증오·회한의 형태를 취한다. 테러리즘은 과도한 현실, 과도한 힘, 과도한 안락을 비난하고 공격한다. 굴욕당한 사람들의 절망에 기초를 두는 것과 마찬가지로, 테러리즘은 세계화의 특권을 부여받은 사람들의 보이지 않는 절망에도 기초를 두고 있다. 실제로 전세계적 차원에서 절망·갈등이나 저항을 해결할 수 있는 장치가 없다면 어떤 형태의 세계화도 존재할 수 없을 것이다. 그렇다면 세계화에 대한 대안은 어디서 찾아야 하는가? 이는 결코 간단한 문제가 아니다. 우리에게 필요한 것은 무엇보다도 세계화에 내장되어 있는 절망·갈등이나 위기의 잠재성을 해결할 수 있는 보다 넓은 정치적 비전일 것이다. 하지만 이러한 정치적 비전만으로 테러리즘의 문제를 해결할 수 있을까? 보드리야르는 "아마도 테러리즘의 문제에 대해 정치적 해결책이 없을 것이다"라고 주장한다.

보드리야르의 이러한 진단에도 불구하고 세계화 자체를 후퇴시킨 9·11 테러 사건이 우리에게 남겨 준 진정한 교훈은 무엇일까? 우리 모두가 깊이 숙고해 보아야 하겠지만, 그런 사건이 다시 일어나지 않도록 확신하는 유일한 방법은 그런 사건이 다른 어떤 곳에서도 일어나지 않도록 막는 것일 것이다.

　9·11 테러 사건 1주기 행사와 관련하여 일련의 책들——슬라보예 지젝의 《실재의 사막에 오신 것을 환영합니다》, 폴 비릴리오의 《제로 지점》, 장 보드리야르의 《테러리즘의 정신》·《지옥의 힘》——이 출판되었다. 이 책들은 가장 도발적이고 도전적인 철학자들에 의해 9·11 테러 사건을 둘러싼 사건·미디어·미국을 분석하고 있다. 시사 해설과 정치적·문화적 논평의 수준에서 면밀히 검토하고 있는 지젝·비릴리오·보드리야르는 이 책들을 통해 사건의 통찰력 있는 비판에 도움이 되는 매우 독창적인 분석을 시도하고 있는데, 특히 최근 몇 년간 테러리즘에 대해 비상한 관심을 보이고 있는 보드리야르의 《지옥의 힘》은 9·11 사건의 철학적 의미를 규명함과 아울러 사건의 상징적 의미를 재현하는 것을 목적으로 삼고 있다.

2003년 7월 배 영 달

# 장 보드리야르 참고 자료

## 1. 보드리야르의 저서

*Le système des objets*(Paris: Denoël-Gonthier, 1968); 배영달 옮김, 《사물의 체계》(서울. 백의출판사, 1999).

*La société de consommation*(Paris: Gaillmard, 1970); 전병석 옮김, 《소비의 사회》(서울. 문예출판사, 1992): 임문영 옮김, 《소비의 사회》(대구. 계명대학교출판부, 1998).

*Pour une critique de l'économie politique du signe*(Paris: Gaillmard, 1972): 이규현 옮김, 《기호의 정치경제학 비판》(서울. 문학과지성사, 1992, 1995, 1998).

*Le miroir de la production: ou l'illusion critique du matérialisme historique*(Tournail: Casterman, 1973); 배영달 옮김, 《생산의 거울》(서울. 백의출판사, 1994).

*L'échange symbolique et la mort*(Paris: Gaillmard, 1976).

*L'effet Beaubourg: Implosion et dissuasion*(Paris: Edition Galilée, 1977).

*Oublier Foucault*(Paris: Edition Galilée, 1977).

*L'ange de stuc*(Paris: Edition Galilée, 1978).

*A L'ombre des majorités silencieuses, ou la fin du social*(Fontenay-Sous-Bois: Cahiers d'Utopie, 1978).

*Le P. C. ou les paradis artificiels du politique*(Fontenay-

Sous-Bois: Cahiers d'Utopie, 1979).

*Jean Revol: peintures, dessins*(France: Edition Feudon-Béarn, 1980).

*De la Séduction*(Paris: Denoël-Gonthier, 1979); 배영달 옮김, 《유혹에 대하여》(서울. 백의출판사, 1996, 2002).

*Simulacres et simulation*(Paris: Edition Galilée, 1981).

*A L'ombre des majorités silencieuses; Ou la fin du social; suivi de, L'extase du socialisme*(Paris; Grasset, 1981).

*Sophie Calle, Suite venitienne*, with Jean Baudrillard, *Please Follow me* (Paris; Edition de l'Etoile, 1983).

*Simulations*(New York: Semiotext(e), 1983); 하태환 옮김, 《시뮬라시옹》(서울. 민음사, 1992, 2001).

*Les stratégies fatales*(Paris; Grasset, 1983).

*La gauche divine*(Paris; Grasset, 1985).

*Amérique*(Paris; Grasset, 1986); 주은우 옮김, 《아메리카》(서울. 문예마당, 1994).

*L'autre par lui-même*(Paris: Edition Galilée, 1987).

*Forget Foucault*(New York: Semiotext(e), 1987).

*Cool Memories I*(Paris: Edition Galilée, 1987).

*Cool Memories II*(Paris: Edition Galilée, 1990).

*Cool Memories III*(Paris: Edition Galilée, 1995).

*The Evil Demon of Images*(Annandale, Australia: Power Institute Publi-cations, 1987).

*Jean Baudrillard: Selected Writings*, edited by Mark Poster (Cambridge and Palo Alto: Polity Press and Stanford University

Press, 1988).

*The Revenge of the Crystal; A Baudriallard Reader*, edited by Mick Carter(London: Pluto, 1989).

*Le crime parfait*(Paris: Edition Galilée, 1994).

*La pensée radicale*(Paris: Sens & Tonka, 1994).

*Le complot de l'art*(Paris: Sens & Tonka, 1996).

*Ecran total*(Paris: Edition Galilée, 1997): 배영달 옮김, 《토탈 스크린》(서울. 도서출판 동문선, 2002).

*L'Echange impossible*(Paris: Edition Galilée, 1999); 배영달 옮김, 《불가능한 교환》(서울. 도서출판 울력, 2001).

*Mots de passe*(Paris: Pauvert, 2000).

*Cool MEMORIES IV*(Paris: Galiée, 2000).

*Le ludique et le policier*(Paris: Sens & Tonka, 2001).

*Télémorphose*(Paris: Sens & Tonka, 2001).

*L'esprit du terrorisme*(Paris: Galilée, 2002): 배영달 옮김, 《테러리즘의 정신》(서울. 도서출판 동문선, 2003).

*Power Inferno*(Paris: Galilée, 2002): 배영달 옮김, 《지옥의 힘》(서울. 도서출판 동문선, 2003).

*La violence du monde*(Paris: Félin/Institut du Monde Arabe, 2003).


## 2. 보드리야르의 논문 및 인터뷰

〈Uwe Johson; La Frontière〉, *Les Temps Modernes*, 1962,

pp.1904-1107.

〈Les Romans d'Italo Calvino〉, *Les Temps Modernes*, 1962, pp.1728-34.

〈La Proie des Flammes〉, *Les Temps Modernes*, 1962, pp.1928-37.

〈Compte rendu de Marshall McLuhan: Understanding Media〉, *L'homme et la societé*(5), 1967, pp.227-30.

〈Le ludique et le policier〉, *Utopie*(2-3), 1969, pp.3-15.

〈La pratique sociale de la technique〉, *Utopie*(2-3), 1969, pp.147-55.

〈Langages de Masse〉, *Encylopaedia Universalis*, vol. 17, Paris, Organum, 1975, pp.394-7.

〈Conversations à bâtons (in-) interrompus avec Jean Baudrillard〉, *Dérive*(5-6), 1976, pp.70-97.

〈La Réalité dépasse l'hyperréalisme〉, *Revue d'ésthétique*(1), 1976, pp.139-48.

〈Rituel-loi-code〉, in *Violence et Transgression*, ed. Michel Maffesoli and André Bruston(Paris: Edition Anthropos), 1979, pp.97-108.

〈Desert for Ever〉, *Traverses*(19), 1980, pp.54-8.

〈Boyond the Unconscious: The Symbolic〉, *Discourse*(3), 1981, pp.60-87.

〈Fatality or Reversible Imminence: Beyond the Uncertainty Principle〉, *Social Research*(49), 1981, pp.272-93.

〈Il mormorio della rete〉(an interview with Dominique

Wahiche) *Media e messaggi*, 1981, pp.146−52.

〈Estasi dell'oggetto puro〉, in Le Rovine del Senso, ed. Paolo Melneghetti ane Stefano Tromvini(Bologna: Cappelli), 1982. pp.117−18.

〈Circuiti e cortocircuiti〉, in *Oggi l'arte e un carcere?* ed. Luigi Russo (Bologna: Il Muline). 1982.

Interview in *Cinématographie 80*, July/Aug, 1982, pp.39−40.

〈Domande a Jean Baudriallard, a cura di Giuseppe Bartolucci〉, in *Paesaggio Metropo*, ed. Giuseppe Bartolucci et al. (Rome: Feltrinelli), 1982.

〈De la croissance à l'excroissance〉, *Le débat*(23), 1983.

〈What Are You Doing After the Orgy?〉, *Artforum*. Oct. 1983, pp.42−6.

〈Is Pop an Art of Consumption?〉 *Tension*(2), 1983, pp.33−5.

〈The Ecstasy of Communication〉, in Hal Foster, ed. *The Anti−Aesthetic: Essays on Post−mordern Culture*(Port Townsend, Wa: Bay Press), 1983, pp.126−34.

〈Le cristal se venge: une entrevue avec Jean Baudriallrd〉, *Parachute*, June−Aug. 1983, pp.26−33.

〈Nuclaear Implosion〉, *Impulse*, Spring−Summer 1983, pp.9−13.

〈Les séductions de Baudrillard〉, interview in *Magazine litteraire*, March 1983, pp.80−5.

⟨Sur le 'Look Generation'⟩, interview in *Le nouvel obser-vateur*, Feb. 1983, p.50.

Interview in *Psychologie*, May 1983, pp.65-8.

Review of Zelig, *Skrien*, Winter 1983/4, p.14.

Interview in *Cinéma* 84 301, Jan. 1984, pp.16-18.

⟨Astal America⟩, *Artforum*, Sep. 1984, pp.70-4.

⟨Interview: Game with Vestiges⟩, *On the Beach*(5), Winter, 1984, pp.19-25.

⟨On Nihilisme⟩, *On the Beach*(6), Spring, 1984, pp.38-9.

⟨Jean Baudrillard⟩, Interview in *Cuadernos del Norte*(5), 1984, pp.10-13.

⟨Une conversation avec Jean Baudrillard⟩, *UCLA French Studies*(2-3), 1984/5, pp.1-22.

⟨Intellectuals, Commitment, and Political Power: An Interview with Jean Baudrillard⟩, *Thesis Eleven*(10-11), 1984/5, pp.166-73.

⟨Der Ekstatische Sozialismus⟩, *Merkur*(39), 1985, pp.83-9.

⟨The Masses: The Implosion of the Social in the Media⟩, *New Literary History*(16), 1985, pp.577-89.

⟨The Child in the Bubble⟩, *Impulse*(11), 1985, p.13.

⟨L'an 2000 ne passera pas⟩, *Traverses*(33-34), 1985, pp.8-16; trans-lated as ⟨The Tear 2000 Will Not Take Place⟩, in *Future Fall: Excursions into Post-Modernity*(Sidney, Australia: Power Institute of Fine Arts, 1986), pp.18-28, and as ⟨The Year 2000 Has Already Happened⟩, in *Body Inva-*

*ders*, ed. Arthur and Marilouise Kroker(New York: St Martin's), 1987, pp.35-44.

〈Clone Boy〉, *Z/G*(11), 1986, pp.12-13.

〈The Realized Utopia, America〉, *French Review*(60), 1986, pp.2-6.

——— in *Masses et postmodernité*, editde by Jacques Zylberberg(Que-bec: Presses de l'Université Laval, 1986).

Interview in *Franzosische Philosophen in Gesprach*, edited by Florian Rotzer(Munchen: Klaus Baer Verlag, 1986).

〈Au-dela du vrai et du faux, ou le malin génie de l'image〉, *Cahiers internationaux de sociologie*, Jan.-June 1987, pp.139-45.

〈A Perverse Logic & Drugs as Exorcism〉, *UNESCO* Courier(7), 1987, pp.7-9.

〈Amérique〉, *Literary Review*(30), 1987, pp.475-82.

〈Video, culto al cuerpo y 'Look'〉, *Fahrenheit*(450) 1987, pp.23-5.

〈When Bataille Attacked the Metaphysical Principle of Economy〉, *Canadian Journal of Political and Social Theory* (11), 1987, pp.57-62.

〈Modernity〉, *Canadian Journal of Political and Social Theory*(11), 1987, pp.63-73.

〈Softly, Softly〉, *New Statesman*(113), March 1987, p.44.

〈USA 80's〉 and 〈Desert Forever〉, in *Semiotext(e), USA (New York, 1987)*, pp.47-50 and 135-37.

〈Hunting Nazis and Losing Reality〉, *New Statesman*(19), 1988, pp.16-17.

〈Places of Urban Ecstasy〉, *Die Zeitschrift fur Kunst und Kultur*(12), 1988, pp.92-5.

〈Interview: Jean Baudrillard〉, *Block*(14), 1988, pp.8-10.

Please Follow Me(with Sophie Calle, *Suite Venitienne*), Seattle: Bay Press, 1988.

*Xerox to Infinity*, London: Touchepas, 1988.

〈The anorexic ruins〉, in D. Kamper and C. Wulf(eds), *Looking Back at the End of the World*, New York: Semiotext(e), 1989.

〈The end of production〉, *Polygraph*(2/3), 1989, pp.5-29.

〈Politics of seduction. Interview with Baudrillard〉, *Marxism Today*, January 1989, pp.54-5.

〈Panic Crash!〉, in A Kroker, M. Kroker ane D. Cook(eds), *Panic Encyclopedia*, London: Macmillan, 1989, pp.64-7.

〈An Interview with Jean Baudrillard(Judith Williamson)〉, *Block*(15), 1989, pp.16-19.

〈The Reality Gulf〉, in *The Guardian*, Jauary 1991, p.25.

〈Figures de l'altérité〉, Descartes & Cie, 1994.

〈Le paroxyste indifférent〉, Grasset, 1997.

〈Les objets singuliers〉, entretien avec Jean Nouvel, Calmann-Lévy, 2000.

〈D'un fragment l'autre〉, entretiens avec François L'Yvonnet, Albin Michel, 2001.

## 3. 보드리야르에 관한 연구서

Benison, J. ⟨Jean Baudrillard on the current state of SF⟩, *Foundation* (32), 1984 pp.25-42.

Bogard, W. ⟨Sociology in the absence of the social: the significance of Baudrillard for contemporary thought⟩, *Philosophy and Social Criticism* (13), 1987, pp.227-42.

Butler, R. *Baudrillard: The Defence of the Real*, Sage Publications, 1999.

Carrier, D. ⟨Baudrillard as philosopher or, the end of abstract painting⟩, *Arts Magazine*(63), 1988, pp.52-60.

Chang, B. ⟨Mass, media, mass-mediation: Baudrillard's implosive critique of modern mass-mediated culture⟩, *Current Perspectives in Social Theory*(17), 1986, pp.157-81.

Chen, K. H. ⟨The masses and the media: Baudrillard's implosive post-modernism⟩, *Theory, Culture and Society*(4), 1987, pp.71-88.

Gallop, J. ⟨Ironies of postmodernism: fate of Baudrillard's fatalism⟩, *Economy and Society*(19), 1990, pp.314-31.

Gane, M. *Baudrillard: Critical and fatal theory*, Routledge, 1991.

—— *Baudrillard's bestiary*, Routledge, 1991.

—— *Baudrillard: In Radical Uncertainty*, Pluto Press, 2000.

Genosko, G. *McLuhan and Baudrillard: Masters of Im-plosion*, Routledge, 1999.

Giradin, J.-C. 〈Towards a politics of signs: reading Baudrillard〉, *Telos*(20), 1974, pp.127-37.

Kellner, D. 〈Baudrillard, semiurgy and death〉, *Theory, Culture and Society*(4), 1987, pp.125-46.

── *Jean Baudrillard: From Marxism to Postmodernism and Beyond*, Cambridge: Polity Press, 1989.

── *Baudrillard: A Critical Reader*, Blackwell, 1994.

Kroker, A. 〈Baudrillard's Marx〉, *Theory, Cuture and Society*(5), 1985.

Levin, C. 〈Baudrillard, Critical Theory and Psychoanalysis〉, *Canadian Journal of Political and Social Theory*(8), 1984, pp.35-52.

── *Jean Baudrillard: A Study in Cultural Metaphysics*, Prentice Hall, 1996.

Majastre, J.-O. *Sans oublier Baudrillard*, La Lettre volée, 1996.

Norris, C. 〈Lost in the funhouse: Baudrillard and the politics of postmodernism〉, *Textual Practice*(3), 1989, pp.360-87.

Poster, M. 〈Technology and cuture in Habermas and Baudrillard〉, *Contemporary Literature*(22), 1981, pp.456-76.

Rojek, C. 〈Baudrillard and leisure〉, *Leisure Studies*(9), 1990, pp.7-20.

Valente, J. 〈Halls of mirrors: Baudrillard on Marx〉, *Diacritics Summer*, 1985, pp.54-65.

Zurbrugg, N. 〈Baudrillard's Amérique, and the 'Abyss of Modernity'〉, *Art and Text*(29), 1988, pp.40-63.

# 저자 소개

**장 보드리야르**는 프랑스의 대표적인 지성이며, 모더니티에 대한 뛰어난 해석자 중의 한 사람이다. 그는 파리 10대학의 사회학과 교수를 역임했으며, 미국의 뉴욕대학·캘리포니아대학 등에서 강의를 했다.

그는 박사학위 논문 〈사물의 체계〉(1968)에서부터 최근까지 30여 권의 저작을 출간하는 활발한 저술 활동을 하고 있다.

대표적인 저서로는 《소비의 사회》(1970), 《기호의 정치경제학 비판을 위하여》(1972), 《생산의 거울》(1973), 《상징적 교환과 죽음》(1976), 《푸코 잊기》(1977), 《유혹에 대하여》(1979), 《시뮬라크르와 시뮬라시옹》(1981), 《숙명적 전략》(1983), 《숭고한 좌파》(1984), 《아메리카》(1986), 《차가운 기억들 I, II, III, IV》(1987~2000), 《악의 투명성》(1990), 《걸프전은 일어나지 않았다》(1991), 《종말의 환상》(1992), 《완전 범죄》(1994), 《토탈 스크린》(1997), 《불가능한 교환》(1999), 《암호》(2000), 《테러리즘의 정신》(2002), 《지옥의 힘》(2002), 《세계의 폭력》(2003) 등이 있다.

배영달
경성대학교 프랑스지역학과 교수
보드리야르의 저작과 보드리야르에 관한 책 10권을
국내에 소개하고 있는 보드리야르 연구가
편저:《보드리야르의 문화 읽기》
《예술의 음모—보드리야르의 현대 예술론》
역서:《테러리즘의 정신》《지옥의 힘》《건축과 철학》《불가능한 교환》
《토탈 스크린》《사물의 체계》《생산의 거울》《유혹에 대하여》
《정보과학의 폭탄》《문학생산이론을 위하여》

현대신서
147

# 지옥의 힘

초판발행 : 2003년 8월 20일

지은이 : 장 보드리야르
옮긴이 : 배영달
총편집 : 韓仁淑
펴낸곳 : 東文選
제10-64호, 78. 12. 16 등록
110-300 서울 종로구 관훈동 74번지
전화 : 737-2795

편집설계 : 李妌롯 李惠允

ISBN 89-8038-437-8  94100
ISBN 89-8038-050-X (현대신서)

【東文選 現代新書】

| | | |
|---|---|---:|
| 1 21세기를 위한 새로운 엘리트 | FORESEEN 연구소 / 김경현 | 7,000원 |
| 2 의지, 의무, 자유 — 주제별 논술 | L. 밀러 / 이대희 | 6,000원 |
| 3 사유의 패배 | A. 핑켈크로트 / 주태환 | 7,000원 |
| 4 문학이론 | J. 컬러 / 이은경 · 임옥희 | 7,000원 |
| 5 불교란 무엇인가 | D. 키언 / 고길환 | 6,000원 |
| 6 유대교란 무엇인가 | N. 솔로몬 / 최창모 | 6,000원 |
| 7 20세기 프랑스철학 | E. 매슈스 / 김종갑 | 8,000원 |
| 8 강의에 대한 강의 | P. 부르디외 / 현택수 | 6,000원 |
| 9 텔레비전에 대하여 | P. 부르디외 / 현택수 | 7,000원 |
| 10 고고학이란 무엇인가 | P. 반 / 박범수 | 8,000원 |
| 11 우리는 무엇을 아는가 | T. 나겔 / 오영미 | 5,000원 |
| 12 에쁘롱 — 니체의 문체들 | J. 데리다 / 김다은 | 7,000원 |
| 13 히스테리 사례분석 | S. 프로이트 / 태혜숙 | 7,000원 |
| 14 사랑의 지혜 | A. 핑켈크로트 / 권유현 | 6,000원 |
| 15 일반미학 | R. 카이유와 / 이경자 | 6,000원 |
| 16 본다는 것의 의미 | J. 버거 / 박범수 | 10,000원 |
| 17 일본영화사 | M. 테시에 / 최은미 | 7,000원 |
| 18 청소년을 위한 철학교실 | A. 자카르 / 장혜영 | 7,000원 |
| 19 미술사학 입문 | M. 포인턴 / 박범수 | 8,000원 |
| 20 클래식 | M. 비어드 · J. 헨더슨 / 박범수 | 6,000원 |
| 21 정치란 무엇인가 | K. 미노그 / 이정철 | 6,000원 |
| 22 이미지의 폭력 | O. 몽젱 / 이은민 | 8,000원 |
| 23 청소년을 위한 경제학교실 | J. C. 드루엥 / 조은미 | 6,000원 |
| 24 순진함의 유혹 〔메디시스賞 수상작〕 | P. 브뤼크네르 / 김웅권 | 9,000원 |
| 25 청소년을 위한 이야기 경제학 | A. 푸르상 / 이은민 | 8,000원 |
| 26 부르디외 사회학 입문 | P. 보네위츠 / 문경자 | 7,000원 |
| 27 돈은 하늘에서 떨어지지 않는다 | K. 아른트 / 유영미 | 6,000원 |
| 28 상상력의 세계사 | R. 보이아 / 김웅권 | 9,000원 |
| 29 지식을 교환하는 새로운 기술 | A. 벵토릴라 外 / 김혜경 | 6,000원 |
| 30 니체 읽기 | R. 비어즈워스 / 김웅권 | 6,000원 |
| 31 노동, 교환, 기술 — 주제별 논술 | B. 데코사 / 신은영 | 6,000원 |
| 32 미국만들기 | R. 로티 / 임옥희 | 10,000원 |
| 33 연극의 이해 | A. 쿠프리 / 장혜영 | 8,000원 |
| 34 라틴문학의 이해 | J. 가야르 / 김교신 | 8,000원 |
| 35 여성적 가치의 선택 | FORESEEN연구소 / 문신원 | 7,000원 |
| 36 동양과 서양 사이 | L. 이리가라이 / 이은민 | 7,000원 |
| 37 영화와 문학 | R. 리처드슨 / 이형식 | 8,000원 |
| 38 분류하기의 유혹 — 생각하기와 조직하기 | G. 비뇨 / 임기대 | 7,000원 |
| 39 사실주의 문학의 이해 | G. 라루 / 조성애 | 8,000원 |
| 40 윤리학 — 악에 대한 의식에 관하여 | A. 바디우 / 이종영 | 7,000원 |
| 41 흙과 재 〔소설〕 | A. 라히미 / 김주경 | 6,000원 |

| | | |
|---|---|---|
| 42 진보의 미래 | D. 르쿠르 / 김영선 | 6,000원 |
| 43 중세에 살기 | J. 르 고프 外 / 최애리 | 8,000원 |
| 44 쾌락의 횡포·상 | J. C. 기유보 / 김웅권 | 10,000원 |
| 45 쾌락의 횡포·하 | J. C. 기유보 / 김웅권 | 10,000원 |
| 46 운디네와 지식의 불 | B. 데스파냐 / 김웅권 | 8,000원 |
| 47 이성의 한가운데에서 — 이성과 신앙 | A. 퀴노 / 최은영 | 6,000원 |
| 48 도덕적 명령 | FORESEEN 연구소 / 우강택 | 6,000원 |
| 49 망각의 형태 | M. 오제 / 김수경 | 6,000원 |
| 50 느리게 산다는 것의 의미·1 | P. 쌍소 / 김주경 | 7,000원 |
| 51 나만의 자유를 찾아서 | C. 토마스 / 문신원 | 6,000원 |
| 52 음악적 삶의 의미 | M. 존스 / 송인영 | 근간 |
| 53 나의 철학 유언 | J. 기통 / 권유현 | 8,000원 |
| 54 타르튀프 / 서민귀족 〔희곡〕 | 몰리에르 / 덕성여대극예술비교연구회 | 8,000원 |
| 55 판타지 공장 | A. 플라워즈 / 박범수 | 10,000원 |
| 56 홍수·상 〔완역판〕 | J. M. G. 르 클레지오 / 신미경 | 8,000원 |
| 57 홍수·하 〔완역판〕 | J. M. G. 르 클레지오 / 신미경 | 8,000원 |
| 58 일신교 — 성경과 철학자들 | E. 오르티그 / 전광호 | 6,000원 |
| 59 프랑스 시의 이해 | A. 바이양 / 김다은·이혜지 | 8,000원 |
| 60 종교철학 | J. P. 힉 / 김희수 | 10,000원 |
| 61 고요함의 폭력 | V. 포레스테 / 박은영 | 8,000원 |
| 62 고대 그리스의 시민 | C. 모세 / 김덕희 | 7,000원 |
| 63 미학개론 — 예술철학입문 | A. 셰퍼드 / 유호전 | 10,000원 |
| 64 논증 — 담화에서 사고까지 | G. 비뇨 / 임기대 | 6,000원 |
| 65 역사 — 성찰된 시간 | F. 도스 / 김미겸 | 7,000원 |
| 66 비교문학개요 | F. 클로동·K. 아다-보트링 / 김정란 | 8,000원 |
| 67 남성지배 | P. 부르디외 / 김용숙 | 개정판 10,000원 |
| 68 호모사피언스에서 인터렉티브인간으로 | FORESEEN 연구소 / 공나리 | 8,000원 |
| 69 상투어 — 언어·담론·사회 | R. 아모시·A. H. 피에로 / 조성애 | 9,000원 |
| 70 우주론이란 무엇인가 | P. 코올즈 / 송형석 | 근간 |
| 71 푸코 읽기 | P. 빌루에 / 나길래 | 8,000원 |
| 72 문학논술 | J. 파프·D. 로쉬 / 권종분 | 8,000원 |
| 73 한국전통예술개론 | 沈雨晟 | 10,000원 |
| 74 시학 — 문학 형식 일반론 입문 | D. 퐁텐 / 이용주 | 8,000원 |
| 75 진리의 길 | A. 보다르 / 김승철·최정아 | 9,000원 |
| 76 동물성 — 인간의 위상에 관하여 | D. 르스텔 / 김승철 | 6,000원 |
| 77 랑가쥬 이론 서설 | L. 옐름슬레우 / 김용숙·김혜련 | 10,000원 |
| 78 잔혹성의 미학 | F. 토넬리 / 박형섭 | 9,000원 |
| 79 문학 텍스트의 정신분석 | M. J. 벨멩-노엘 / 심재중·최애영 | 9,000원 |
| 80 무관심의 절정 | J. 보드리야르 / 이은민 | 8,000원 |
| 81 영원한 황홀 | P. 브뤼크네르 / 김웅권 | 9,000원 |
| 82 노동의 종말에 반하여 | D. 슈나페르 / 김교신 | 6,000원 |
| 83 프랑스영화사 | J. -P. 장콜라 / 김혜련 | 8,000원 |

| 84 | 조와(弔蛙) | 金敎臣 / 노치준·민혜숙 | 8,000원 |
|---|---|---|---|
| 85 | 역사적 관점에서 본 시네마 | J. -L. 뢰트라 / 곽노경 | 8,000원 |
| 86 | 욕망에 대하여 | M. 슈벨 / 서민원 | 8,000원 |
| 87 | 산다는 것의 의미·1—여분의 행복 | P. 쌍소 / 김주경 | 7,000원 |
| 88 | 철학 연습 | M. 아롱델-로오 / 최은영 | 8,000원 |
| 89 | 삶의 기쁨들 | D. 노게 / 이은민 | 6,000원 |
| 90 | 이탈리아영화사 | L. 스키파노 / 이주현 | 8,000원 |
| 91 | 한국문화론 | 趙興胤 | 10,000원 |
| 92 | 현대연극미학 | M. -A. 샤르보니에 / 홍지화 | 8,000원 |
| 93 | 느리게 산다는 것의 의미·2 | P. 쌍소 / 김주경 | 7,000원 |
| 94 | 진정한 모럴은 모럴을 비웃는다 | A. 에슈고엔 / 김웅권 | 8,000원 |
| 95 | 한국종교문화론 | 趙興胤 | 10,000원 |
| 96 | 근원적 열정 | L. 이리가라이 / 박정오 | 9,000원 |
| 97 | 라캉, 주체 개념의 형성 | B. 오질비 / 김 석 | 9,000원 |
| 98 | 미국식 사회 모델 | J. 바이스 / 김종명 | 7,000원 |
| 99 | 소쉬르와 언어과학 | P. 가데 / 김용숙·임정혜 | 10,000원 |
| 100 | 철학적 기본 개념 | R. 페르버 / 조국현 | 8,000원 |
| 101 | 철학자들의 동물원 | A. L. 브라-쇼파르 / 문신원 | 근간 |
| 102 | 글렌 굴드, 피아노 솔로 | M. 슈나이더 / 이창실 | 7,000원 |
| 103 | 문학비평에서의 실험 | C. S. 루이스 / 허 종 | 8,000원 |
| 104 | 코뿔소 〔희곡〕 | E. 이오네스코 / 박형섭 | 8,000원 |
| 105 | 지각—감각에 관하여 | R. 바르바라 / 공정아 | 근간 |
| 106 | 철학이란 무엇인가 | E. 크레이그 / 최생열 | 근간 |
| 107 | 경제, 거대한 사탄인가? | P. -N. 지로 / 김교신 | 7,000원 |
| 108 | 딸에게 들려 주는 작은 철학 | R. 시몬 셰퍼 / 안상원 | 7,000원 |
| 109 | 도덕에 관한 에세이 | C. 로슈·J. -J. 바레르 / 고수현 | 6,000원 |
| 110 | 프랑스 고전비극 | B. 클레망 / 송민숙 | 8,000원 |
| 111 | 고전수사학 | G. 위딩 / 박성철 | 10,000원 |
| 112 | 유토피아 | T. 파코 / 조성애 | 7,000원 |
| 113 | 쥐비알 | A. 자르댕 / 김남주 | 7,000원 |
| 114 | 증오의 모호한 대상 | J. 아순 / 김승철 | 8,000원 |
| 115 | 개인—주체철학에 대한 고찰 | A. 르노 / 장정아 | 7,000원 |
| 116 | 이슬람이란 무엇인가 | M. 루스벤 / 최생열 | 8,000원 |
| 117 | 테러리즘의 정신 | J. 보드리야르 / 배영달 | 8,000원 |
| 118 | 역사란 무엇인가 | 존 H. 아널드 / 최생열 | 8,000원 |
| 119 | 느리게 산다는 것의 의미·3 | P. 쌍소 / 김주경 | 7,000원 |
| 120 | 문학과 정치 사상 | P. 페티티에 / 이종민 | 8,000원 |
| 121 | 가장 아름다운 하나님 이야기 | A. 보테르 外 / 주태환 | 8,000원 |
| 122 | 시민 교육 | P. 카니베즈 / 박주원 | 9,000원 |
| 123 | 스페인영화사 | J.- C. 스갱 / 정동섭 | 8,000원 |
| 124 | 인터넷상에서—행동하는 지성 | H. L. 드레퓌스 / 정혜욱 | 9,000원 |
| 125 | 내 몸의 신비—세상에서 가장 큰 기적 | A. 지오르당 / 이규식 | 7,000원 |

| 126 세 가지 생태학 | F. 가타리 / 윤수종 | 8,000원 |
| 127 모리스 블랑쇼에 대하여 | E. 레비나스 / 박규현 | 9,000원 |
| 128 위뷔 왕 〔희곡〕 | A. 자리 / 박형섭 | 8,000원 |
| 129 번영의 비참 | P. 브뤼크네르 / 이창실 | 8,000원 |
| 130 무사도란 무엇인가 | 新渡戶稻造 / 沈雨晟 | 7,000원 |
| 131 천 개의 집 〔소설〕 | A. 라히미 / 김주경 | 근간 |
| 132 문학은 무슨 소용이 있는가? | D. 살나브 / 김교신 | 7,000원 |
| 133 종교에 대하여―행동하는 지성 | 존 D. 카푸토 / 최생열 | 9,000원 |
| 134 노동사회학 | M. 스트루방 / 박주원 | 8,000원 |
| 135 맞불·2 | P. 부르디외 / 김교신 | 10,000원 |
| 136 믿음에 대하여―행동하는 지성 | S. 지제크 / 최생열 | 9,000원 |
| 137 법, 정의, 국가 | A. 기그 / 민혜숙 | 8,000원 |
| 138 인식, 상상력, 예술 | E. 아카마츄 / 최돈호 | 근간 |
| 139 위기의 대학 | ARESER / 김교신 | 10,000원 |
| 140 카오스모제 | F. 가타리 / 윤수종 | 10,000원 |
| 141 코란이란 무엇인가 | M. 쿡 / 이강훈 | 근간 |
| 142 신학이란 무엇인가 | D. F. 포드 / 노치준·강혜원 | 근간 |
| 143 누보 로망, 누보 시네마 | C. 뮈르시아 / 이창실 | 근간 |
| 144 지능이란 무엇인가 | I. J. 디어리 / 송형석 | 근간 |
| 145 중세의 기사들 | E. 부라생 / 임호경 | 근간 |
| 146 철학에 입문하기 | Y. 카탱 / 박선주 | 근간 |
| 147 지옥의 힘 | J. 보드리야르 / 배영달 | 8,000원 |
| 148 철학 기초 강의 | F. 로피 / 공나리 | 근간 |
| 149 시네마토그라프에 대한 단상 | R. 브레송 / 오일환·김경온 | 근간 |
| 150 성서란 무엇인가 | J. 리치스 / 최생열 | 근간 |
| 151 프랑스 문학사회학 | 신미경 | 근간 |
| 152 잡사와 문학 | F. 에브라르 / 최정아 | 근간 |
| 1001 《제7의 봉인》 비평연구 | E. 그랑조르주 / 이은민 | 근간 |
| 1002 《쥘과 짐》 비평연구 | C. 르 베르 / 이은민 | 근간 |
| 1003 《시민 케인》 | L. 멀비 / 이형식 | 근간 |
| 1004 《새》 | C. 파질리아 / 이형식 | 근간 |

### 【東文選 文藝新書】

| 1 저주받은 詩人들 | A. 뻬이르 / 최수철·김종호 | 개정근간 |
| 2 민속문화론서설 | 沈雨晟 | 40,000원 |
| 3 인형극의 기술 | A. 훼도토프 / 沈雨晟 | 8,000원 |
| 4 전위연극론 | J. 로스 에반스 / 沈雨晟 | 12,000원 |
| 5 남사당패연구 | 沈雨晟 | 19,000원 |
| 6 현대영미희곡선(전4권) | N. 코워드 外 / 李辰洙 | 절판 |
| 7 행위예술 | L. 골드버그 / 沈雨晟 | 18,000원 |
| 8 문예미학 | 蔡 儀 / 姜慶鎬 | 절판 |
| 9 神의 起源 | 何 新 / 洪 熹 | 16,000원 |

| 10 | 중국예술정신 | 徐復觀 / 權德周 外 | 24,000원 |
| 11 | 中國古代書史 | 錢存訓 / 金允子 | 14,000원 |
| 12 | 이미지 — 시각과 미디어 | J. 버거 / 편집부 | 12,000원 |
| 13 | 연극의 역사 | P. 하트놀 / 沈雨晟 | 12,000원 |
| 14 | 詩 論 | 朱光潛 / 鄭相泓 | 22,000원 |
| 15 | 탄트라 | A. 무케르지 / 金龜山 | 16,000원 |
| 16 | 조선민족무용기본 | 최승희 | 15,000원 |
| 17 | 몽고문화사 | D. 마이달 / 金龜山 | 8,000원 |
| 18 | 신화 미술 제사 | 張光直 / 李 徹 | 10,000원 |
| 19 | 아시아 무용의 인류학 | 宮尾慈良 / 沈雨晟 | 20,000원 |
| 20 | 아시아 민족음악순례 | 藤井知昭 / 沈雨晟 | 5,000원 |
| 21 | 華夏美學 | 李澤厚 / 權 瑚 | 15,000원 |
| 22 | 道 | 張立文 / 權 瑚 | 18,000원 |
| 23 | 朝鮮의 占卜과 豫言 | 村山智順 / 金禧慶 | 15,000원 |
| 24 | 원시미술 | L. 아담 / 金仁煥 | 16,000원 |
| 25 | 朝鮮民俗誌 | 秋葉隆 / 沈雨晟 | 12,000원 |
| 26 | 神話의 이미지 | J. 캠벨 / 扈承喜 | 근간 |
| 27 | 原始佛敎 | 中村元 / 鄭泰爀 | 8,000원 |
| 28 | 朝鮮女俗考 | 李能和 / 金尙憶 | 24,000원 |
| 29 | 朝鮮解語花史(조선기생사) | 李能和 / 李在崑 | 25,000원 |
| 30 | 조선창극사 | 鄭魯湜 | 17,000원 |
| 31 | 동양회화미학 | 崔炳植 | 18,000원 |
| 32 | 性과 결혼의 민족학 | 和田正平 / 沈雨晟 | 9,000원 |
| 33 | 農漁俗談辭典 | 宋在璇 | 12,000원 |
| 34 | 朝鮮의 鬼神 | 村山智順 / 金禧慶 | 12,000원 |
| 35 | 道敎와 中國文化 | 葛兆光 / 沈揆昊 | 15,000원 |
| 36 | 禪宗과 中國文化 | 葛兆光 / 鄭相泓·任炳權 | 8,000원 |
| 37 | 오페라의 역사 | L. 오레이 / 류연희 | 18,000원 |
| 38 | 인도종교미술 | A. 무케르지 / 崔炳植 | 14,000원 |
| 39 | 힌두교의 그림언어 | 안넬리제 外 / 全在星 | 9,000원 |
| 40 | 중국고대사회 | 許進雄 / 洪 熹 | 30,000원 |
| 41 | 중국문화개론 | 李宗桂 / 李宰碩 | 23,000원 |
| 42 | 龍鳳文化源流 | 王大有 / 林東錫 | 25,000원 |
| 43 | 甲骨學通論 | 王宇信 / 李宰碩 | 근간 |
| 44 | 朝鮮巫俗考 | 李能和 / 李在崑 | 20,000원 |
| 45 | 미술과 페미니즘 | N. 부루드 外 / 扈承喜 | 9,000원 |
| 46 | 아프리카미술 | P. 윌레뜨 / 崔炳植 | 절판 |
| 47 | 美의 歷程 | 李澤厚 / 尹壽榮 | 28,000원 |
| 48 | 曼茶羅의 神들 | 立川武藏 / 金龜山 | 19,000원 |
| 49 | 朝鮮歲時記 | 洪錫謨 外/李錫浩 | 30,000원 |
| 50 | 하 상 | 蘇曉康 外 / 洪 熹 | 절판 |
| 51 | 武藝圖譜通志 實技解題 | 正 祖 / 沈雨晟·金光錫 | 15,000원 |

| 52 古文字學 첫걸음 | 李學勤 / 河永三 | 14,000원 |
| 53 體育美學 | 胡小明 / 閔永淑 | 10,000원 |
| 54 아시아 美術의 再發見 | 崔炳植 | 9,000원 |
| 55 曆과 占의 科學 | 永田久 / 沈雨晟 | 8,000원 |
| 56 中國小學史 | 胡奇光 / 李宰碩 | 20,000원 |
| 57 中國甲骨學史 | 吳浩坤 外 / 梁東淑 | 35,000원 |
| 58 꿈의 철학 | 劉文英 / 河永三 | 22,000원 |
| 59 女神들의 인도 | 立川武藏 / 金龜山 | 19,000원 |
| 60 性의 역사 | J. L. 플랑드렝 / 편집부 | 18,000원 |
| 61 쉬르섹슈얼리티 | W. 챠드윅 / 편집부 | 10,000원 |
| 62 여성속담사전 | 宋在璇 | 18,000원 |
| 63 박재서희곡선 | 朴栽緒 | 10,000원 |
| 64 東北民族源流 | 孫進己 / 林東錫 | 13,000원 |
| 65 朝鮮巫俗의 硏究(상·하) | 赤松智城·秋葉隆 / 沈雨晟 | 28,000원 |
| 66 中國文學 속의 孤獨感 | 斯波六郎 / 尹壽榮 | 8,000원 |
| 67 한국사회주의 연극운동사 | 李康列 | 8,000원 |
| 68 스포츠인류학 | K. 블랑챠드 外 / 박기동 外 | 12,000원 |
| 69 리조복식도감 | 리팔찬 | 20,000원 |
| 70 娼 婦 | A. 꼬르뱅 / 李宗旼 | 22,000원 |
| 71 조선민요연구 | 高晶玉 | 30,000원 |
| 72 楚文化史 | 張正明 / 南宗鎭 | 26,000원 |
| 73 시간, 욕망, 그리고 공포 | A. 코르뱅 / 변기찬 | 18,000원 |
| 74 本國劍 | 金光錫 | 40,000원 |
| 75 노트와 반노트 | E. 이오네스코 / 박형섭 | 20,000원 |
| 76 朝鮮美術史硏究 | 尹喜淳 | 7,000원 |
| 77 拳法要訣 | 金光錫 | 30,000원 |
| 78 艸衣選集 | 艸衣意恂 / 林鍾旭 | 20,000원 |
| 79 漢語音韻學講義 | 董少文 / 林東錫 | 10,000원 |
| 80 이오네스코 연극미학 | C. 위베르 / 박형섭 | 9,000원 |
| 81 중국문자훈고학사전 | 全廣鎭 편역 | 23,000원 |
| 82 상말속담사전 | 宋在璇 | 10,000원 |
| 83 書法論叢 | 沈尹默 / 郭魯鳳 | 8,000원 |
| 84 침실의 문화사 | P. 디비 / 편집부 | 9,000원 |
| 85 禮의 精神 | 柳 肅 / 洪 熹 | 20,000원 |
| 86 조선공예개관 | 沈雨晟 편역 | 30,000원 |
| 87 性愛의 社會史 | J. 솔레 / 李宗旼 | 18,000원 |
| 88 러시아미술사 | A. I 조토프 / 이건수 | 22,000원 |
| 89 中國書藝論文選 | 郭魯鳳 選譯 | 25,000원 |
| 90 朝鮮美術史 | 關野貞 / 沈雨晟 | 근간 |
| 91 美術版 탄트라 | P. 로슨 / 편집부 | 8,000원 |
| 92 군달리니 | A. 무케르지 / 편집부 | 9,000원 |
| 93 카마수트라 | 바짜야나 / 鄭泰爀 | 18,000원 |

| 94 | 중국언어학총론 | J. 노먼 / 全廣鎭 | 18,000원 |
| 95 | 運氣學說 | 任應秋 / 李宰碩 | 15,000원 |
| 96 | 동물속담사전 | 宋在璇 | 20,000원 |
| 97 | 자본주의의 아비투스 | P. 부르디외 / 최종철 | 10,000원 |
| 98 | 宗敎學入門 | F. 막스 뮐러 / 金龜山 | 10,000원 |
| 99 | 변 화 | P. 바츨라빅크 外 / 박인철 | 10,000원 |
| 100 | 우리나라 민속놀이 | 沈雨晟 | 15,000원 |
| 101 | 歌訣(중국역대명언경구집) | 李宰碩 편역 | 20,000원 |
| 102 | 아니마와 아니무스 | A. 융 / 박해순 | 8,000원 |
| 103 | 나, 너, 우리 | L. 이리가라이 / 박정오 | 12,000원 |
| 104 | 베케트연극론 | M. 푸크레 / 박형섭 | 8,000원 |
| 105 | 포르노그래피 | A. 드워킨 / 유혜련 | 12,000원 |
| 106 | 셸 링 | M. 하이데거 / 최상욱 | 12,000원 |
| 107 | 프랑수아 비용 | 宋 勉 | 18,000원 |
| 108 | 중국서예 80제 | 郭魯鳳 편역 | 16,000원 |
| 109 | 性과 미디어 | W. B. 키 / 박해순 | 12,000원 |
| 110 | 中國正史朝鮮列國傳(전2권) | 金聲九 편역 | 120,000원 |
| 111 | 질병의 기원 | T. 매큐언 / 서 일 · 박종연 | 12,000원 |
| 112 | 과학과 젠더 | E. F. 켈러 / 민경숙 · 이현주 | 10,000원 |
| 113 | 물질문명 · 경제 · 자본주의 | F. 브로델 / 이문숙 外 | 절판 |
| 114 | 이탈리아인 태고의 지혜 | G. 비코 / 李源斗 | 8,000원 |
| 115 | 中國武俠史 | 陳 山 / 姜鳳求 | 18,000원 |
| 116 | 공포의 권력 | J. 크리스테바 / 서민원 | 23,000원 |
| 117 | 주색잡기속담사전 | 宋在璇 | 15,000원 |
| 118 | 죽음 앞에 선 인간(상 · 하) | P. 아리에스 / 劉仙子 | 각권 8,000원 |
| 119 | 철학에 대하여 | L. 알튀세르 / 서관모 · 백승욱 | 12,000원 |
| 120 | 다른 곳 | J. 데리다 / 김다은 · 이혜지 | 10,000원 |
| 121 | 문학비평방법론 | D. 베르제 外 / 민혜숙 | 12,000원 |
| 122 | 자기의 테크놀로지 | M. 푸코 / 이희원 | 16,000원 |
| 123 | 새로운 학문 | G. 비코 / 李源斗 | 22,000원 |
| 124 | 천재와 광기 | P. 브르노 / 김웅권 | 13,000원 |
| 125 | 중국은사문화 | 馬 華 · 陳正宏 / 강경범 · 천현경 | 12,000원 |
| 126 | 푸코와 페미니즘 | C. 라마자노글루 外 / 최 영 外 | 16,000원 |
| 127 | 역사주의 | P. 해밀턴 / 임옥희 | 12,000원 |
| 128 | 中國書藝美學 | 宋 民 / 郭魯鳳 | 16,000원 |
| 129 | 죽음의 역사 | P. 아리에스 / 이종민 | 18,000원 |
| 130 | 돈속담사전 | 宋在璇 편 | 15,000원 |
| 131 | 동양극장과 연극인들 | 김영무 | 15,000원 |
| 132 | 生育神과 性巫術 | 宋兆麟 / 洪 熹 | 20,000원 |
| 133 | 미학의 핵심 | M. M. 이턴 / 유호전 | 20,000원 |
| 134 | 전사와 농민 | J. 뒤비 / 최생열 | 18,000원 |
| 135 | 여성의 상태 | N. 에니크 / 서민원 | 22,000원 |

136 중세의 지식인들　　　　　　　J. 르 고프 / 최애리　　　　　　　　　　　　　18,000원
137 구조주의의 역사(전4권)　　F. 도스 / 김웅권 外　Ⅰ·Ⅱ·Ⅳ 15,000원 / Ⅲ 18,000원
138 글쓰기의 문제해결전략　　　L. 플라워 / 원진숙·황정현　　　　　　　　20,000원
139 음식속담사전　　　　　　　　宋在璇 편　　　　　　　　　　　　　　　　16,000원
140 고전수필개론　　　　　　　　權 瑚　　　　　　　　　　　　　　　　　16,000원
141 예술의 규칙　　　　　　　　　P. 부르디외 / 하태환　　　　　　　　　　23,000원
142 "사회를 보호해야 한다"　　　M. 푸코 / 박정자　　　　　　　　　　　　20,000원
143 페미니즘사전　　　　　　　　L. 터틀 / 호승희·유혜련　　　　　　　　　26,000원
144 여성심벌사전　　　　　　　　B. G. 워커 / 정소영　　　　　　　　　　　　근간
145 모데르니테 모데르니테　　　　H. 메쇼닉 / 김다은　　　　　　　　　　　20,000원
146 눈물의 역사　　　　　　　　　A. 벵상뷔포 / 이자경　　　　　　　　　　18,000원
147 모더니티입문　　　　　　　　H. 르페브르 / 이종민　　　　　　　　　　24,000원
148 재생산　　　　　　　　　　　P. 부르디외 / 이상호　　　　　　　　　　18,000원
149 종교철학의 핵심　　　　　　　W. J. 웨인라이트 / 김희수　　　　　　　　18,000원
150 기호와 몽상　　　　　　　　　A. 시몽 / 박형섭　　　　　　　　　　　　22,000원
151 융분석비평사전　　　　　　　A. 새뮤얼 外 / 민혜숙　　　　　　　　　　16,000원
152 운보 김기창 예술론연구　　　최병식　　　　　　　　　　　　　　　　　14,000원
153 시적 언어의 혁명　　　　　　J. 크리스테바 / 김인환　　　　　　　　　20,000원
154 예술의 위기　　　　　　　　　Y. 미쇼 / 하태환　　　　　　　　　　　　15,000원
155 프랑스사회사　　　　　　　　G. 뒤프 / 박 단　　　　　　　　　　　　16,000원
156 중국문예심리학사　　　　　　劉偉林 / 沈揆昊　　　　　　　　　　　　30,000원
157 무지카 프라티카　　　　　　　M. 캐넌 / 김혜중　　　　　　　　　　　　25,000원
158 불교산책　　　　　　　　　　鄭泰爀　　　　　　　　　　　　　　　　20,000원
159 인간과 죽음　　　　　　　　　E. 모랭 / 김명숙　　　　　　　　　　　　23,000원
160 地中海(전5권)　　　　　　　F. 브로델 / 李宗旼　　　　　　　　　　　　근간
161 漢語文字學史　　　　　　　　黃德實·陳秉新 / 河永三　　　　　　　　　24,000원
162 글쓰기와 차이　　　　　　　　J. 데리다 / 남수인　　　　　　　　　　　28,000원
163 朝鮮神事誌　　　　　　　　　李能和 / 李在崑　　　　　　　　　　　　　근간
164 영국제국주의　　　　　　　　S. C. 스미스 / 이태숙·김종원　　　　　　16,000원
165 영화서술학　　　　　　　　　A. 고드로·F. 조스트 / 송지연　　　　　　17,000원
166 美學辭典　　　　　　　　　　사사키 겡이치 / 민주식　　　　　　　　　22,000원
167 하나이지 않은 성　　　　　　L. 이리가라이 / 이은민　　　　　　　　　18,000원
168 中國歷代書論　　　　　　　　郭魯鳳 譯註　　　　　　　　　　　　　　25,000원
169 요가수트라　　　　　　　　　鄭泰爀　　　　　　　　　　　　　　　　15,000원
170 비정상인들　　　　　　　　　M. 푸코 / 박정자　　　　　　　　　　　　25,000원
171 미친 진실　　　　　　　　　　J. 크리스테바 外 / 서민원　　　　　　　　25,000원
172 디스탱숑(상·하)　　　　　　　P. 부르디외 / 이종민　　　　　　　　　　　근간
173 세계의 비참(전3권)　　　　　P. 부르디외 外 / 김주경　　　　　　각권 26,000원
174 수묵의 사상과 역사　　　　　崔炳植　　　　　　　　　　　　　　　　　근간
175 파스칼적 명상　　　　　　　　P. 부르디외 / 김웅권　　　　　　　　　　22,000원
176 지방의 계몽주의　　　　　　　D. 로슈 / 주명철　　　　　　　　　　　　30,000원
177 이혼의 역사　　　　　　　　　R. 필립스 / 박범수　　　　　　　　　　　25,000원

178 사랑의 단상　　　　　　　　　　R. 바르트 / 김희영　　　　　　　　　근간

179 中國書藝理論體系　　　　　　　熊秉明 / 郭魯鳳　　　　　　　　　23,000원

180 미술시장과 경영　　　　　　　　崔炳植　　　　　　　　　　　　　16,000원

181 카프카 — 소수적인 문학을 위하여　G. 들뢰즈·F. 가타리 / 이진경　13,000원

182 이미지의 힘 — 영상과 섹슈얼리티　A. 쿤 / 이형식　　　　　　　　13,000원

183 공간의 시학　　　　　　　　　　G. 바슐라르 / 곽광수　　　　　　23,000원

184 랑데부 — 이미지와의 만남　　　　J. 버거 / 임옥희·이은경　　　　18,000원

185 푸코와 문학 — 글쓰기의 계보학을 향하여　S. 듀링 / 오경심·홍유미　근간

186 각색, 연극에서 영화로　　　　　　A. 엘보 / 이선형　　　　　　　16,000원

187 폭력과 여성들　　　　　　　　　C. 도펭 外 / 이은민　　　　　　18,000원

188 하드 바디 — 할리우드 영화에 나타난 남성성　S. 제퍼드 / 이형식　18,000원

189 영화의 환상성　　　　　　　　　J. -L. 뢰트라 / 김경온·오일환　18,000원

190 번역과 제국　　　　　　　　　　D. 로빈슨 / 정혜욱　　　　　　　16,000원

191 그라마톨로지에 대하여　　　　　　J. 데리다 / 김웅권　　　　　　　근간

192 보건 유토피아　　　　　　　　　R. 브로만 外 / 서민원　　　　　근간

193 현대의 신화　　　　　　　　　　R. 바르트 / 이화여대기호학연구소　20,000원

194 중국회화백문백답　　　　　　　　郭魯鳳　　　　　　　　　　　　근간

195 고서화감정개론　　　　　　　　　徐邦達 / 郭魯鳳　　　　　　　　근간

196 상상의 박물관　　　　　　　　　A. 말로 / 김웅권　　　　　　　　근간

197 부빈의 일요일　　　　　　　　　J. 뒤비 / 최생열　　　　　　　　22,000원

198 아인슈타인의 최대 실수　　　　　D. 골드스미스 / 박범수　　　　16,000원

199 유인원, 사이보그, 그리고 여자　　D. 해러웨이 / 민경숙　　　　　25,000원

200 공동생활 속의 개인주의　　　　　F. 드 생글리 / 최은영　　　　　20,000원

201 기식자　　　　　　　　　　　　M. 세르 / 김웅권　　　　　　　　24,000원

202 연극미학 — 플라톤에서 브레히트까지의 텍스트들　J. 셰레 外 / 홍지화　24,000원

203 철학자들의 신　　　　　　　　　W. 바이셰델 / 최상욱　　　　　34,000원

204 고대 세계의 정치　　　　　　　　모제스 I 핀레이 / 최생열　　　　16,000원

205 프란츠 카프카의 고독　　　　　　M. 로베르 / 이창실　　　　　　18,000원

206 문화 학습 — 실천적 입문서　　　J. 자일스·T. 미들턴 / 장성희　24,000원

207 호모 아카데미쿠스　　　　　　　P. 부르디외 / 임기대　　　　　　근간

208 朝鮮槍棒敎程　　　　　　　　　金光錫　　　　　　　　　　　　　40,000원

209 자유의 순간　　　　　　　　　　P. M. 코헨 / 최하영　　　　　　16,000원

210 밀교의 세계　　　　　　　　　　鄭泰爀　　　　　　　　　　　　16,000원

211 토탈 스크린　　　　　　　　　　J. 보드리야르 / 배영달　　　　　19,000원

212 영화와 문학의 서술학　　　　　　F. 바누아 / 송지연　　　　　　　근간

213 텍스트의 즐거움　　　　　　　　R. 바르트 / 김희영　　　　　　　15,000원

214 영화의 직업들　　　　　　　　　B. 라트롱슈 / 김경온·오일환　　근간

215 소설과 신화　　　　　　　　　　이용주　　　　　　　　　　　　　15,000원

216 문화와 계급 — 부르디외와 한국 사회　홍성민 外　　　　　　　　18,000원

217 작은 사건들　　　　　　　　　　R. 바르트 / 김주경　　　　　　　14,000원

218 연극분석입문　　　　　　　　　　J. -P. 링가르 / 박형섭　　　　　18,000원

219 푸코　　　　　　　　　　　　　G. 들뢰즈 / 허 경　　　　　　　17,000원

| 220 우리나라 도자기와 가마터 | 宋在璇 | 30,000원 |
|---|---|---|
| 221 보이는 것과 보이지 않는 것 | M. 퐁티 / 남수인 · 최의영 | 근간 |
| 222 메두사의 웃음/출구 | H. 식수 / 박혜영 | 근간 |
| 223 담화 속의 논증 | R. 아모시 / 장인봉 | 20,000원 |
| 224 포켓의 형태 | J. 버거 / 이영주 | 근간 |
| 225 이미지심벌사전 | A. 드 브리스 / 이원두 | 근간 |
| 226 이데올로기 | D. 호크스 / 고길환 | 16,000원 |
| 227 영화의 이론 | B. 발라즈 / 이형식 | 20,000원 |
| 228 건축과 철학 | J. 보드리야르 · J. 누벨 / 배영달 | 16,000원 |
| 229 폴 리쾨르 — 삶의 의미들 | F. 도스 / 이봉지 外 | 근간 |
| 230 서양철학사 | A. 케니 / 이영주 | 근간 |
| 231 근대성과 육체의 정치학 | D. 르 브르통 / 홍성민 | 20,000원 |
| 232 허난설헌 | 金成南 | 16,000원 |
| 233 인터넷 철학 | G. 그레이엄 / 이영주 | 15,000원 |
| 234 촛불의 미학 | G. 바슐라르 / 이가림 | 근간 |
| 235 의학적 추론 | A. 시쿠렐 / 서민원 | 근간 |
| 236 튜링 | J. 라세구 / 임기대 | 근간 |
| 237 이성의 역사 | F. 샤틀레 / 심세광 | 근간 |
| 238 조선연극사 | 金在喆 | 22,000원 |
| 239 미학이란 무엇인가 | M. 지므네즈 / 김웅권 | 근간 |
| 240 古文字類編 | 高 明 | 40,000원 |
| 241 부르디외 사회학 이론 | L. 핀토 / 김용숙 · 김은희 | 근간 |
| 242 문학은 무슨 생각을 하는가? | P. 마슈레 / 서민원 | 근간 |
| 243 행복해지기 위해 무엇을 배워야 하는가? | A. 우지오 外 / 김교신 | 근간 |
| 244 영화와 회화 | P. 보니체 / 홍지화 | 근간 |
| 1001 베토벤: 전원교향곡 | D. W. 존스 / 김지순 | 근간 |
| 1002 모차르트: 하이든 현악 4중주곡 | J. 어빙 / 김지순 | 근간 |


## 【기 타】


| ▨ 모드의 체계 | R. 바르트 / 이화여대기호학연구소 | 18,000원 |
|---|---|---|
| ▨ 라신에 관하여 | R. 바르트 / 남수인 | 10,000원 |
| ▨ 說 苑 (上 · 下) | 林東錫 譯註 | 각권 30,000원 |
| ▨ 晏子春秋 | 林東錫 譯註 | 30,000원 |
| ▨ 西京雜記 | 林東錫 譯註 | 20,000원 |
| ▨ 搜神記 (上 · 下) | 林東錫 譯註 | 각권 30,000원 |
| ■ 경제적 공포〔메디치賞 수상작〕 | V. 포레스테 / 김주경 | 7,000원 |
| ■ 古陶文字徵 | 高 明 · 葛英會 | 20,000원 |
| ■ 金文編 | 容 庚 | 36,000원 |
| ■ 고독하지 않은 홀로되기 | P. 들레름 · M. 들레름 / 박정오 | 8,000원 |
| ■ 그리하여 어느날 사랑이여 | 이외수 편 | 4,000원 |
| ■ 딸에게 들려 주는 작은 지혜 | N. 레흐레이트너 / 양영란 | 6,500원 |
| ■ 노력을 대신하는 것은 없다 | R. 쉬이 / 유혜련 | 5,000원 |

■ 노블레스 오블리주　　　　　　　현택수 사회비평집　　　　　　　　　　7,500원
■ 미래를 원한다　　　　　　　　　J. D. 로스네 / 문  선 · 김덕희　　　　8,500원
■ 사랑의 존재　　　　　　　　　　한용운　　　　　　　　　　　　　　3,000원
■ 산이 높으면 마땅히 우러러볼 일이다　　　유  향 / 임동석　　　　5,000원
■ 서기 1000년과 서기 2000년 그 두려움의 흔적들　J. 뒤비 / 양영란　　8,000원
■ 서비스는 유행을 타지 않는다　　B. 바게트 / 정소영　　　　　　　5,000원
■ 선종이야기　　　　　　　　　　홍  희 편저　　　　　　　　　　　8,000원
■ 섬으로 흐르는 역사　　　　　　김영희　　　　　　　　　　　　　10,000원
■ 세계사상　　　　　　　　　창간호~3호: 각권 10,000원 / 4호: 14,000원
■ 십이속상도안집　　　　　　　　편집부　　　　　　　　　　　　　8,000원
■ 어린이 수묵화의 첫걸음(전6권)　趙  陽 / 편집부　　　　　　각권 5,000원
■ 오늘 다 못다한 말은　　　　　　이외수 편　　　　　　　　　　　7,000원
■ 오블라디 오블라다, 인생은 브래지어 위를 흐른다　무라카미 하루키 / 김난주　7,000원
■ 인생은 앞유리를 통해서 보라　　B. 바게트 / 박해순　　　　　　　5,000원
■ 잠수복과 나비　　　　　　　　　J. D. 보비 / 양영란　　　　　　　6,000원
■ 천연기념물이 된 바보　　　　　최병식　　　　　　　　　　　　　7,800원
■ 原本 武藝圖譜通志　　　　　　　正祖 命撰　　　　　　　　　　　60,000원
■ 隸字編　　　　　　　　　　　　洪鈞陶　　　　　　　　　　　　　40,000원
■ 테오의 여행 (전5권)　　　　　　C. 클레망 / 양영란　　　　　　각권 6,000원
■ 한글 설원 (상 · 중 · 하)　　　　임동석 옮김　　　　　　　　　각권 7,000원
■ 한글 안자춘추　　　　　　　　　임동석 옮김　　　　　　　　　　8,000원
■ 한글 수신기 (상 · 하)　　　　　임동석 옮김　　　　　　　　　각권 8,000원


【이외수 작품집】
■ 겨울나기　　　　　　　　　　　창작소설　　　　　　　　　　　7,000원
■ 그대에게 던지는 사랑의 그물　　에세이　　　　　　　　　　　　7,000원
■ 그리움도 화석이 된다　　　　　시화집　　　　　　　　　　　　6,000원
■ 꿈꾸는 식물　　　　　　　　　　장편소설　　　　　　　　　　　7,000원
■ 내 잠 속에 비 내리는데　　　　에세이　　　　　　　　　　　　7,000원
■ 들 개　　　　　　　　　　　　　장편소설　　　　　　　　　　　7,000원
■ 말더듬이의 겨울수첩　　　　　　에스프리모음집　　　　　　　　7,000원
■ 벽오금학도　　　　　　　　　　장편소설　　　　　　　　　　　7,000원
■ 장수하늘소　　　　　　　　　　창작소설　　　　　　　　　　　7,000원
■ 칼　　　　　　　　　　　　　　장편소설　　　　　　　　　　　7,000원
■ 풀꽃 술잔 나비　　　　　　　　서정시집　　　　　　　　　　　4,000원
■ 황금비늘 (1 · 2)　　　　　　　장편소설　　　　　　　　　　각권 7,000원

東文選 現代新書 1

# 21세기를 위한 새로운 엘리트

FORSEEN 연구소 (프)

김경현 옮김

우리 사회의 미래를 누르고 있는 경제적·사회적 그리고 도덕적 불확실성과 격변하는 세계에서 새로운 지표들을 찾는 어려움은 엘리트들의 역할과 책임에 대한 재고를 요구한다.

엘리트의 쇄신은 불가피하다. 미래의 지도자들은 어떠한 모습을 갖게 될 것인가? 그들은 어떠한 조건하의 위기 속에서 흔들린 그들의 신뢰도를 다시금 회복할 수 있을 것인가? 기업의 경영을 위해 어떠한 변화를 기대해야 할 것인가? 미래의 결정자들을 위해서 어떠한 교육이 필요한가? 다가오는 시대의 의사결정자들에게 필요한 자질들은 어떠한 것들일까?
  이 한 권의 연구보고서는 21세기를 이끌어 나갈 엘리트들에 대한 기대와 조건분석을 시도하고 있으며, 구체적으로 그들이 담당할 역할과 반드시 갖추어야 될 미래에 대한 비전을 제시하고 있다.
  본서는 프랑스의 세계적인 커뮤니케이션 그룹인 아바스 그룹 산하의 포르셍 연구소에서 펴낸《미래에 대한 예측총서》중의 하나이다. 63개국에 걸친 연구원들의 활동을 바탕으로 세계적인 차원에서 우리 사회를 변화시키게 될 여러 가지 추세들을 깊숙이 파악하고 있다.
  사회학적 추세를 연구하는 포르셍 연구소의 이번 연구는 단순히 미래를 예측하는 데에 그치는 것이 아니라, 미래를 준비하는 자들로 하여금 보충적인 성찰의 요소들을 비롯해서, 그들을 에워싸고 있는 세계에 대한 보다 넓은 이해를 지닌 상태에서 행동하고 앞날을 맞이하게끔 하기 위해서 이 관찰을 활용하자는 것이다.

東文選 現代新書 3

# 사유의 패배

## 알랭 핑켈크로트

주태환 옮김

  문화 속에서 우리는 거북스러움을 느낀다. 왜냐하면 문화란, 사유(思惟)하면서 살아가는 일이기 때문이다. 그리고 오늘날 사유가 아무런 역할도 하지 못하는 제반행위를 흔히 문화적인 것으로 규정해 버리는 조류가 확인되고 있다. 정신의 위대한 창조에 필수적인 동작들, 이 모두가 이렇게 문화적인 것으로 잘못 여겨지고 있다. 무슨 이유로 소비와 광고, 혹은 역사 속에 뿌리박은 모든 자동성이 가져다 주는 달콤함을 탐닉하기보다는 참된 문화를 선택해야 하는 것일까?

  87,88년 프랑스 최고의 베스트셀러로서 프랑스 지성계에 커다란 파문을 일으킨 본서는, 오늘날 프랑스 대중들에게 가장 영향력 있는 철학자 중의 한 사람인 핑켈크로트의 대표작이다. 그는 현재 많은 저작과 방송매체를 통해 사회문제에 관해 적극적인 발언을 펼치고 있다.

  그는 오늘날의 거대한 야망이 문화를 손아귀에 움켜쥐고 있다고 결론짓고, 문화라는 거창한 이름 아래 소아병적 증상과 더불어 비관용적 분위기가 확대되어 왔으며, 이제는 기술시대가 낳은 레저산업이 인간 정신이 이루어 놓은 문화적 유산을 싸구려 유희거리로 전락시키고 있으며, 그리하여 정신이 주도하던 인간 삶은 마침내 집단의 배타적 가치에 광분하는 인간과 흐느적거리는 무골인간, 이 둘 사이의 무시무시하고도 우스꽝스런 만남에 자기 자리를 내주고 있다고 통박하고 있다.

  그는 본서를 통해 정신적 의미가 구체적 역사 속에서 부상하고 함몰하는 과정을 그려내면서, 우리가 어떻게 해서 여기에까지 도달하게 되었는지를 일관된 논리로 비판하고 있다.

東文選 現代新書 9

# 텔레비전에 대하여

## 피에르 부르디외

현택수 옮김

  텔레비전으로 방송된 이 두 개의 콜레주 드 프랑스에서의 강의는 명쾌하고 종합적인 형태로 텔레비전 분석을 소개하고 있다. 첫번째 강의는 텔레비전이라는 작은 화면에 가해지는 보이지 않는 검열의 메커니즘을 보여 주고, 텔레비전의 영상과 담론의 인위적 구조를 만드는 비밀들을 보여 주고 있다. 두번째 강의는 저널리즘계의 영상과 담론을 지배하고 있는 텔레비전이 어떻게 서로 다른 영역인 예술·문학·철학·정치·과학의 기능을 깊게 변화시키는지를 설명하고 있다. 이러한 현상은 시청률의 논리를 도입하여 상업성과 대중 선동적 여론의 요구에 복종한 결과이다.

  이 책은 프랑스에서 출판되자마자 논쟁거리가 되면서, 1년도 채 안 되어 10만 부 이상 팔려 나가 베스트셀러 리스트에 오르고, 세계 각국에서 번역되어 읽혀지고 있는 피에르 부르디외의 최근 대표작 중 하나이다. 인문사회과학 서적으로서 보기 드문 이같은 성공은, 프랑스 및 세계 주요국의 지적 풍토를 말해 주고 있다. 이처럼 이 책이 독자 대중의 폭발적인 반응과 기자 및 지식인들의 지속적인 반향을 불러일으키는 이유는, 세계적으로 잘 알려진 그의 학자적·사회적 명성 때문이기도 하지만 무엇보다도 언론계 기자·지식인·교양 대중들 모두가 관심을 가질 만한 논쟁적인 내용을 담고 있기 때문이다.

東文選 現代新書 14

# 사랑의 지혜

## 알랭 핑켈크로트

### 권유현 옮김

　수많은 말들 중에서 주는 행위와 받는 행위, 자비와 탐욕, 자선과 소유욕을 동시에 의미하는 낱말이 하나 있다. 사랑이라는 말이다. 그러나 누가 아직도 무사무욕을 믿고 있는가? 누가 무상의 행위를 진짜로 존재한다고 생각하는가? '근대'의 동이 터오면서부터 도덕을 논하는 모든 계파들은 어느것을 막론하고 무상은 탐욕에서, 또 숭고한 행위는 획득하고 싶은 욕망에서 유래한다는 설명을 하고 있다.

　이 책에서 묘사하는 사랑의 이야기는 타자와 나 사이의 불공평에서 출발한다. 즉 사랑이란 타자가 언제나 나보다 우위에 놓이는 것이며, 끊임없이 나에게서 도망가는 타자로부터 나는 도망가지 못하는 것이다. 그리고 사랑의 지혜란 이 알 수 없고 환원되지 않는 타자의 얼굴에 다가가기 위해 애쓰는 것이다. 저자는 이 책에서 남녀간의 사랑의 감정에서 출발하여 타자의 존재론적인 문제로, 이어서 근대사의 비극으로 그의 철학적 성찰을 이끌어 가기 때문이다. 그러나 우리가 이웃에 대한 사랑을 이상적인 영역으로 내쫓는다고 해서, 현실을 더 잘 생각한다는 법은 없다. 오히려 우리는 타인과의 원초적 관계를 이해하기 위해서, 또 그것에서 출발하여 사랑의 감정뿐 아니라 다른 사람에 대한 미움의 감정까지도 이해하기 위해서, 유행에 뒤진 이 개념, 소유의 이야기와는 또 다른 이야기를 필요로 할 수 있다.

　알랭 핑켈크로트는 엠마뉴엘 레비나스의 작품에 영향을 받아서 근대가 겪은 엄청난 집단 체험과 각 개인이 살아가면서 맺는 '타자'와의 관계에 대해서 계속해서 질문을 던진다. 이것은 철학임에 틀림없다. 그렇기는 하지만 구체적인 인물에 의해 이야기로 꾸민 철학이다. 이 책은 인간에 대한 인식의 수단으로 플로베르·제임스, 특히 프루스트를 다루며, 이들의 현존하는 문학작품에 의해 철학을 이야기로 꾸며 나간다.

東文選 現代新書 22

# 이미지의 폭력

**올리비에 몽젱**

이은민 옮김

영화와 폭력, 일찍이 폭력이 이처럼 미화된 적이 있었던가?

"가장 견디기 힘든 폭력은 가장 통증이 없는 폭력이다. 스크린 위에서는 폭력이 더 광적이 되가는 반면 관객들은 무감각에 길들여지고 있다." 끝없는 폭력의 우물로 가라앉고 있는 현대인들 앞에 영화 속의 폭력은 어떤 유형으로 나타나고 있으며, 우리는 폭력으로부터 어떻게 벗어날 수 있는가.

화면의 폭력이 처참하고 잔인해질수록 오히려 관객들은 영화 속의 폭력세계를 자신과 무관한 환상의 세계로 착각하고 안도감을 갖게 된다는 데에서 저자의 폭력적 이미지에 대한 탐구는 시작된다. 그러나 역설적이게도 이 점이 바로 현대 사회가 폭력에 대해 매우 민감한 사회임을 증명한다고 저자는 강조한다.

영화와 텔레비전의 화면을 침범한 폭력은 서구 국가들에서 사회적인 논쟁을 일으켰다. 사람들이 모든 것을 드러낼 수 있는가? 그리고 만일 모든 것을 보여 줄 수 없다면, 비난해야 하는가? 보통 몇몇 민감한 질문들이 열렬한 입장들과 흔히 피상적인 입장들을 끌어낸다.

올리비에 몽젱은 반대로 사람들이 폭력적이라고 말하는 영화를 가까이에서 검토하는 입장에 섰다. 60년대 폭력이 나타나는 방식과, 오늘날 제시되는 방법 사이에 분명하게 변화한 것이 무엇인가에 대하여 심도 있는 질문을 던진다——현대의 폭력성은 폭력 자체로 내비쳐지지만 우리는 그것을 추월할 수도, 그것을 제거할 수도, 재생할 수도 없다. 폭력 장면들을 비난하는 대신, 이 책은 우리로 하여금 거기에서 벗어나는 길을 트려고 한다.

東文選 現代新書 26

# 부르디외 사회학 입문

**파트리스 보네위츠**

문경자 옮김

사회학이란 무엇인가? 사회는 무엇이며, 그것은 어떻게 재생산되는가? 혹은 반대로 사회는 어떻게 변화하는가? 개인이 차지하는 위치는 무엇인가?

분열된 학문인 사회학에서 부르디외의 접근방식은 흥미를 끌지 않을 수 없다. 만약 그가 주장하듯이 과학적 분석이 장의 개념에서 출발하여 이루어질 수 있다면, 그 속에 속해 있는 행위자들 사이의 투쟁은 필연적일 것이다. 그렇기 때문에 그들 중의 일부는 보존 혹은 확장의 전략들을 이용하고, 또 다른 일부는 전복의 전략들을 이용하기도 한다.

본서는 고등학교 졸업반 및 대학 초년생들의 사회경제학 프로그램에 포함된 여러 주제들을 검토하는 데에 활용될 수 있다.

● 첫째, 부르디외를 그 자신의 역사적·이론적 추론의 틀 속에 위치시키면서 그를 소개한다.

● 사회화 과정, 사회의 계층화, 문화적 실천 혹은 불평등의 재생산과 같은 다양한 사회적 사실들을 해명할 수 있게 해주는 개념들과 방법론의 특수성을 설명한다.

● 마지막으로 이 이론의 주요한 한계들을 제시한다.

따라서 대개 산만하게 소개된 부르디외의 이론에 대해 일관된 관점을 가지고 싶어하는 학생들은 이 책을 읽음으로써 흥미를 느낄 수 있을 것이다. 또한 중요한 발췌문을 통해 부르디외의 텍스트들과 친숙해지고, 그의 연구를 더욱 심화, 확대시켜 나갈 수 있을 것이다.

東文選 現代新書 40

# 윤리학

**알랭 바디우**

이종영 옮김

이 세계가 나에게 부과하는, 그리고 준수할 것을 요구하는 그러한 윤리가 아니라, 내가 이 세계에 맞서 싸우고자 할 때 지녀야 할 '나 자신의' 윤리란 어떠한 것일까? 그러나 이 세계가 나에게 부과하는 '윤리'가 과연 엄격한 의미에서의 윤리일 수 있을까?

이데올로기로서의 윤리에 대한 부정만으로는 충분치 않다. 이데올로기로서의 윤리에 맞서 싸우는 해방적 실천, 그 자체가 새로운 윤리학에 의해 지탱되어야만 하는 것이다. 여기서 새롭게 제시하고 있는 윤리는, 해방적 정치 · 학문 · 예술 · 애정에 있어서의 혁명적 투사들을 위한 윤리이다. '인권의 윤리'와 '차이의 윤리'를 비판하고 있는 이 책의 1장과 2장은 프랑스적 맥락에 위치하고 있다. 바디우는 이른바 '인권의 윤리'와 '차이의 윤리'를 제국주의 국가로서 프랑스의 위선과 결부짓고 있는 것이다.

존중받아야 하는 것은 각자의 개별성이지 문화적 또는 사회적 차이가 아니다. 그리고 각자의 개별성은 오로지 인간적 동일성이라는 보편성에 토대해서만 존중받을 수 있는 것이다. 보편성에 토대한 개별성에 대한 존중은 사회적 · 문화적으로 매개된 특수성과는 결단코 대립되는 것이다. 특수성은 항상 배제와 차별을 내포하고 있다. 그리고 프랑스에서의 '차이의 윤리'는 그러한 특수성에 일정하게 입각하고 있는 것이다.

東文選 現代新書 42

# 진보의 미래

## 도미니크 르쿠르

### 김영선 옮김

　과거를 조명하지 않고는 진보 사상에 대한 미래를 예견할 수 없다. 진보라는 단어의 현대적 의미가 만들어진 것은 17세기 베이컨과 더불어였다. 이 진보주의 학설은 당시 움직이는 신화가 되었으며, 공산주의자들이 그것을 계승한 20세기까지 그러하였다. 저자는 진보주의 학설이 발생시킨 '정치적' 표류만큼이나 '과학적' 표류를 징계하며, 미래의 윤리학으로 이해된 진보에 대한 요구에 새로운 정의를 주장한다.

　발달과 성장이라는 것은 복지와 사회적 화합에서 비롯된 두 가지 양식인가? 단연코 그렇지 않다. 작가는 비관주의에 빠지지 않으면서도 다소 어두운 시대적 도표를 작성한다. 생활윤리학·농업·환경론 및 새로운 통신 기술이 여기서는 비판적이면서도 개방적인 관점에서 언급된다.

　과학과 기술을 혼동함에 따라 사람들은 무엇에 대해 말하고 있는지 더 이상 알지 못한다. 정치 분야와 도덕의 영역을 혼동함에 따라 무엇을 생각해야 할지 또한 더 이상 알지 못한다. 작가는 철학의 새로운 평가에 대해 옹호하고, 그래서 그는 미덕의 가장 근본인 용기를 주장한다. 그가 이 책에서 증명하기를 바라는 것은 두려움의 윤리에 대항하며, 방법을 아는 조건하에서는 모든 사람이 철학을 할 수 있다는 점인 것이다.

東文選 現代新書 44,45

# 쾌락의 횡포

## 장 클로드 기유보

김웅권 옮김

　섹스는 생과 사의 중심에 놓인 최대의 화두 가운데 하나라고 할 수 있다. 성에 관한 엄청난 소란이 오늘날 민주적인 근대성이 침투한 곳이라면 아주 작은 구석까지 식민지처럼 지배하고 있는 것이다. 이제 성은 일상 생활을 ‘따라다니는 소음’이 되어 버렸다. 우리 시대는 문자 그대로 ‘그것’밖에 이야기하지 않는다.

　문화가 발전하고 교육의 학습 과정이 길어지면 길어질수록 결혼 연령은 늦추어지고 자연 발생적 생식 능력과 성욕은 억제하도록 요구받게 되었지 않은가! 역사의 전진은 발정기로부터 해방된 인간을 금기와 상징 체계로부터의 해방으로, 다시 말해 ‘성의 해방’으로 이동시키며 오히려 반문화적 현상을 드러내고 있다. 저자는 이것이 서양에서 오늘날 일어나고 있는 현상이라고 말한다. 서양에서 60년대말에 폭발한 학생 혁명과 더불어 본격적으로 시작된 ‘성의 혁명’은 30년의 세월을 지나 이제 한계점에 도달해 위기를 맞고 있다. 성의 해방을 추구해 온 30년 여정이 결국은 자체 모순에 의해 인간을 섹스의 노예로 전락시키며 새로운 모색을 강요하고 있는 것이다. 인간은 ‘섹스의 횡포’에 굴복하고 말 것인가?

　과거도 미래도 거부하는 현재 중심주의적 섹스의 향연이 낳은 딜레마, 무자비한 거대 자본주의 시장이 성의 상품화를 통해 가속화시키는 그 딜레마를 어떻게 극복할 것인가? 저자는 역사 속에 나타난 다양한 큰 문화들을 고찰하고, 관련된 모든 학문들을 끌어들이면서 폭넓게 성 문제를 조명하고 있다.

東文選 現代新書 81

# 영원한 황홀

## 파스칼 브뤼크네르

김웅권 옮김

"당신은 행복해지기 위해 사는가?"

당신은 왜 사는가? 전통적으로 많이 들어온 유명한 답변 중 하나는 "행복해지기 위해서 산다"이다. 이때 '행복'은 우리에게 목표가 되고, 스트레스가 되며, 역설적으로 불행의 원천이 된다. 브뤼크네르는 그러한 '행복의 강박증'으로부터 당신을 치유하기 위해 이 책을 썼다. 프랑스의 전 언론이 기립박수에 가까운 찬사를 보낸 이 책은 사실상 석 달 가까이 베스트셀러 1위를 지켜내면서 프랑스를 '들었다 놓은' 철학 에세이이다.

"어떻게 지내십니까? 잘 지내시죠?"라고 묻는 인사말에도 상대에게 행복을 강제하는 이데올로기가 숨쉬고 있다. 당신은 행복을 숭배하고 있다. 그것은 서구 사회를 침윤하고 있는 집단적 마취제다. 당신은 인정해야 한다. 불행도 분명 삶의 뿌리다. 그 뿌리는 결코 뽑히지 않는다. 이것을 받아들일 때 당신은 '행복의 의무'로부터 해방될 것이고, 행복하지 않아도 부끄럽지 않게 될 것이다.

대신 저자는 자유롭고 개인적인 안락을 제안한다. '행복은 어림치고 접근해서 조용히 잡아야 하는 것'이다. 현대인들의 '저속한 허식'인 행복의 웅덩이로부터 당신 자신을 건져내라. 그때 '빛나지도 계속되지도 않는 것이 지닌 부드러움과 덧없음'이 당신을 따뜻이 안아 줄 것이다. 그곳에 영원한 만족감이 있다.

중세에서 현대까지 동서의 명현석학과 문호들을 풍부하게 인용하는 저자의 깊은 지식샘, 그리고 혀끝에 맛을 느끼게 해줄 듯 명징하게 떠오르는 탁월한 비유 문장들은 이 책을 오래오래 되읽고 싶은 욕심을 갖게 한다. 독자들께 권해 드린다.　　　　　　　　— 조선일보, 2001. 11. 3.

東文選 現代新書 94

# 진정한 모럴은 모럴을 비웃는다
## —책임진다는 것의 의미

**알랭 에슈고엔** / 김웅권 옮김

오늘날 우리는 가치들이 혼재하고 중심을 잃은 이른바 '포스트 모던' 한 시대에 살고 있다. 다양한 가치들은 하나의 '조정적인' 절대 가치에 의해 정리되고 체계화되지 못하고, 무질서하게 병렬적으로 공존한다. 이런 다원적 현상은 풍요로 인식될 수 있으나, 역설적으로 현대인이 당면한 정신적 방황과 해체의 상황을 드러내 주는 하나의 징표라고도 할 수 있다. 자본주의의 승리와 이러한 가치의 혼란은 인간을 비도덕적으로 만들면서 약육강식적 투쟁의 강도만 심화시킬 우려가 있다. 그리하여 사회는 긴장과 갈등으로 치닫는 메마르고 냉혹한 세계가 될 수 있다.

개인의 자유와 권리가 확대되고, 사회적인 구속이나 억압이 줄어들면 줄어들수록 개인이 져야 할 책임의 무게는 그만큼 가중된다. 이 책임이 그의 자유와 권리를 보장해 주는 것이다. 개인의 신장과 비례하여 증가하는 이 책임이 등한시될 때 사회는 퇴보할 수밖에 없다. 기성의 모든 가치나 권위가 무너져도 더불어 사는 사회가 유지되려면, 개인이 자신의 결정과 행위 그리고 결과에 대해 자신과 타자 앞에, 또는 사회 앞에 책임을 지는 풍토가 정착되어야 한다. 그렇기 때문에 안개가 자욱이 낀 이 불투명한 시대에 책임 원리가 새로운 도덕의 원리로 부상되고 있는 것이다. 또한 어떤 다른 도덕적 질서와도 다르게 책임은 모든 이데올로기적·사상적 차이를 넘어서 지배적인 담론의 위치를 차지할 수 있다. 그것은 사회적·경제적 변화와 구속에 직면하여 문제들을 해결하기 위해 나타난 '자유의 발현' 이기 때문이다.

東文選 現代新書 98

# 미국식 사회 모델

**쥐스탱 바이스**

김종명 옮김

미국 (똑)바로 알기! 미국은 이제 단지 전세계의 모델이 아니다. 미국은 이미 세계 그 자체이다. 현재와 같은 군사적·문화적·경제적 반식민 상태에서 우리가 미국을 제대로 바라볼 수 있을까? 우리는 미국을 얼마나 알고 있으며, 또 한국과 미국의 비교는 가능한가? 한편으로는 대북 문제에서부터 금메달 및 개고기 문제에 이르기까지, 다른 한편으로는 병역기피성 미국시민권 취득에서부터 미국 가서 아이낳기 붐에 이르기까지, 사사건건 구겨진 자존심에 감정적으로 대응해서야 어찌 미국을 제대로 알 수 있겠는가.

본서는 구소련의 붕괴 이후 자유주의 모델의 국가들 중에서 다른 어떤 나라들보다도 더 보편성을 추구하였고, 그래서 전인류에게 모범이 될 만한 사회·정치를 포괄하는 하나의 체계, 즉 완비된 모델을 제시하려고 노력하는 미국과 프랑스를 비교·분석하고 있다.

유럽의 계몽주의에 뿌리를 둔 미국과 프랑스의 보편주의는 미국과 구소련 사이의 대립 앞에서 오랫동안 인식되지 못했으나, 냉전이 끝난 오늘날에는 이 둘의 차이가 새삼스레 부각되고 있다. 한때 그 역사적 몰락이 예고되었다고 믿었던 미국의 힘이 1980년대말 이래로 전세계에 그 광휘를 드러내고 있으며, 이전의 그 어느때보다도 더욱 전세계에 그들의 행동 양식과 경제에 대한 가르침을 주려는 기세이다. 이와 달리 연합된 유럽을 대표하는 프랑스식 모델은 거의 배타적으로 영향력을 행사하는 미국식 모델 때문에 점점 외부로의 영향력을 상실하고 있고, 내적으로도 그 정체성을 잃어가고 있다.

바로 이런 시점에서 본서는 유럽의 견유주의를 대표하는 프랑스식 모델과 윌슨주의를 표방하는 미국식 모델이 정치적·경제적·사회적 측면에서 어떻게 다른지를 비교·분석해 주고 있다.

東文選 現代新書 109

# 도덕에 관한 에세이

**크리스티앙 로슈 外**

고수현 옮김

전쟁, 학살, 시체더미들, 멈출 줄 모르는 인간 사냥, 이보다 더 끔찍한 것은 살인자들이 살인을 자행하면서 느끼는 불온한 쾌감, 희생자가 겪는 고통 앞에서 느끼는 황홀감이다. 인간은 처벌의 공포만 사라지면 악행에서 쾌락을 얻는다.

공민 교육이라는 구실하에 학교에서 도덕을 가르치는 것에 대해 찬성해야 할까, 반대해야 할까?

도덕은 가르칠 수 있는 것일까? 도덕은 무엇을 근거로 세워진 것인가? 도덕의 가치를 어떻게 정의내릴 수 있을까?

세계화라는 강요된 대세에 눌린 우리 시대, 냉혹한 자유 경제 논리에 가정이 짓밟히는 듯한 느낌이 점점 고조되는 이때에 다시금 도덕적 데카당스를 비난하는 목소리가 높아지고 있다. 물론 여기에는 파시스트적인 질서를 바라는 의심스러운 분노도 뒤섞여 있다. 또한 다른 사람들에 대한 온화한 존경심에서 우러나온 예의 범절이라는 규범적인 이상을 꿈꾸면서 금기와 도덕 규범으로 되돌아갈 것을 요구하는 사람도 있고, 교훈적인 도덕의 이름을 내세우며 강경한 억압책에 호소하는 사람들도 있다.

하지만 어떻게 억지로, 혹은 도덕 강의로 도덕적 위기에 의해 붕괴되어 가는 가정 속에서 잘못된 삶을 사는 청소년들을 '일으켜 세울' 수 있다고 생각할 수 있는가? 도덕이라는 현대적 변명은 그 되풀이되는 시도 및 협정과 더불어, 단순히 담론적인 덕을 통해 사회 문제를 해결하지 못하는 모종의 무능력함을 몰아내고자 하는 것은 아닐까?

東文選 現代新書 129

# 번영의 비참
— 종교화한 시장 경제와 그 적들

**파스칼 브뤼크네르** / 이창실 옮김

'2002 프랑스 BOOK OF ECONOMY賞' 수상
'2002 유러피언 BOOK OF ECONOMY賞' 특별수훈

번영의 한가운데서 더 큰 비참이 확산되고 있다면 세계화의 혜택은 무엇이란 말인가?

모든 종교와 이데올로기가 붕괴되는 와중에 그래도 버티는 게 있다면 그건 경제다. 경제는 이제 무미건조한 과학이나 이성의 냉철한 활동이기를 그치고, 발전된 세계의 마지막 영성이 되었다. 이 준엄한 종교성은 이렇다 할 고양된 감정은 없어도 제의(祭儀)에 가까운 열정을 과시한다.

이 신화로부터 새로운 반체제 운동들이 사람들의 마음을 사로잡는다. 시장의 불공평을 비난하는 이 운동들은 지상의 모든 혼란의 원인이 시장에 있다고 본다. 그러나 실상은 그렇게 하면서 시장을 계속 역사의 원동력으로 삼게 된다. 신자유주의자들이나 이들을 비방하는 자들 모두가 같은 신앙으로 결속되어 있는 만큼 그들은 한통속이라 할 수 있다.

그렇다면 우리가 벗어나야 하는 것은 자본주의가 아니라 경제만능주의이다. 사회 전체를 지배하려 드는 경제의 원칙, 우리를 근면한 햄스터로 실추시켜 단순히 생산자·소비자 혹은 주주라는 역할에 가두어두는 이 원칙을 너나없이 떠받드는 상황에서 벗어나야 한다. 일체의 시장 경제 행위를 원위치에 되돌려 놓고 시장 경제가 아닌 자리를 되찾아야 한다. 이것은 우리 삶의 의미와도 직결되는 문제이기 때문이다.

**파스칼 브뤼크네르**: 1948년생으로 오늘날 프랑스에서 가장 영향력 있는 에세이스트이자 소설가이기도 하다. 그는 매 2년마다 소설과 에세이를 번갈아 가며 발표하고 있다. 주요 저서로는 《순진함의 유혹》(1995 메디치상), 《아름다움을 훔친 자들》(1997 르노도상), 《영원한 황홀》 등이 있으며, 1999년에는 프랑스에서 가장 많이 팔린 작가로 뽑히기도 하였다.

東文選 文藝新書 116

# 공포의 권력

## 줄리아 크리스테바

서민원 옮김

　이 책은 크리스테바가 셀린의 전기적·정치문학적인 경험을 대상으로 한 텍스트를 구상하면서 쓴 책이다. 셀린을 연구하면서, 크리스테바는 셀린이 개인적으로는 질병과 육체의 붕괴나 윤리·도덕의 피폐, 사회적으로는 가족과 집단 공동체의 붕괴 및 제1·2차 세계대전 등이 그에게 편집증적으로 집중되는 주제인 것에 관심을 가지고, 그 지긋지긋한 상태에 대한 접근 방법으로 아브젝시옹을 선택한다.

　이 책의 제Ⅰ장은 아브젝시옹에 대한 현상학적 접근 방법으로 이루어져 있다. 제Ⅱ장은 크리스테바가 직접 몸담고 있는 정신분석학적인 접근 방법으로서, 공포증과 경계례의 구조에 의거하여 아브젝시옹의 개념을 명확히 하려는 시도로 이루어져 있다. 제Ⅲ장은 오래 전부터 인간의 의식(儀式)들 속에서 행해지는 정화 행위의 본질이란, 아브젝시옹을 통한 의식이라는 사실에 초점이 맞추어져 있다. 제Ⅳ장과 제Ⅴ장 역시 동서고금을 통해 모든 종교가 억압하려는 아브젝시옹이야말로 종교의 다른 한 면이자 종교 자체를 존재케 하는 힘이라는 사실을 강조한다. 제Ⅵ장에서부터는 셀린의 정치 팜플렛을 중심으로 한 정치·전기·문학상의 경험을 형상화한다.

　이 책은 지식의 전달만을 그 목적으로 하지 않는다. 셀린이라는 한 작가의 문학적 경험을 통해, 그다지 중요해 보이지 않는 아브젝시옹이라는 주제에 크리스테바가 그토록 심혈을 기울인 뒤안에는 나름의 이유가 있다. 그 비참과 욕지기나는 더러움이 불러일으키는 통쾌함, 정화 작용의 의미를 되새기면서 현대를 살아가는 우리가 발견해야 할 것들을 가르쳐 주는 것이다.

東文選 文藝新書 170

# 비정상인들

1974-1975, 콜레주 드 프랑스에서의 강의

**미셸 푸코**

박정자 옮김

비정상이란 도대체 무엇일까? 하나의 사회는 자신의 구성원 중에서 밀쳐내고, 무시하고, 잊어버리고 싶은 부분이 있다. 그것이 어느 때는 나환자나 페스트 환자였고, 또 어느 때는 광인이나 부랑자였다.

《비정상인들》은 역사 속에서 모습을 보인 모든 비정상인들에 대한 고고학적 작업이며, 또 이들을 이용해 의학 권력이 된 정신의학의 계보학이다.

콜레주 드 프랑스에서 1975년 1월부터 3월까지 행해진 강의 《비정상인들》은 미셸 푸코가 1970년 이래, 특히 《사회를 보호해야 한다》에서 앎과 권력의 문제에 바쳤던 분석들을 집중적으로 추구하고 있다. 앎과 권력의 문제란 규율 권력, 규격화 권력, 그리고 생체-권력이다. 푸코가 소위 19세기에 '비정상인들'로 불렸던 '위험한' 개인들의 문제에 접근한 것은 수많은 신학적·법률적·의학적 자료들에서부터였다. 이 자료들에서 그는 중요한 세 인물을 끌어냈는데, 그것은 괴물, 교정(矯正) 불가능자, 자위 행위자였다. 괴물은 사회적 규범과 자연의 법칙에 대한 참조에서 나왔고, 교정 불가능자는 새로운 육체 훈련 장치가 떠맡았으며, 자위 행위자는 18세기 이래 근대 가정의 규율화를 겨냥한 대대적인 캠페인의 근거가 되었다. 푸코의 분석들은 1950년대까지 시행되던 법-의학감정서를 출발점으로 삼고 있다. 이어서 그는 고백 성사와 양심 지도 기술(技術)에서부터 욕망과 충동의 고고학을 시작했다. 이렇게 해서 그는 그후의 콜레주 드 프랑스 강의 또는 저서에서 다시 선택되고, 수정되고, 다듬어질 작업의 이론적·역사적 전제들을 마련했다. 이 강의는 그러니까 푸코의 연구가 형성되고, 확장되고, 전개되는 과정을 추적하는 데 있어서 결코 빼놓을 수 없는 필수 불가결의 자료이다.

東文選 文藝新書 162

# 글쓰기와 차이

## 자크 데리다

남수인 옮김

　해체론은 데리다식의 '읽기'와 '글쓰기' 형식이다. 데리다는 '해체들'이라고 복수형으로 쓰기를 더 좋아하면서 해체가 '기획' '방법론' '시스템'으로, 특히 '철학적 체계'로 이해되는 것을 거부한다. 왜 해체인가? 비평의 관념에는 미리 전제되고 설정된 미학적 혹은 문학적 가치 평가에 의거한 비판이라는 부정적인 이미지, 부정성이 필연적으로 내포되어 있는 바, 이러한 부정적인 기반을 넘어서는 讀法을 도입하기 위해서이다. 이 독법, 그것이 해체이다. 해체는 파괴가 아니다. 비하시키고 부정하고 넘어서는 것, '비평의 비평'을 하는 것이 아니다. 해체는 "다른 시발점, 요컨대 판단의 계보·의지·의식 또는 활동, 이원적 구조 등에서 출발하여 다른 가능성을 생각해 보는 것," 사유의 공간에 변형을 줌으로써 긍정이 드러나게 하는 읽기라고 데리다는 설명한다.

　《글쓰기와 차이》는 이러한 해체적 읽기의 전형을 보여 준다. 이 책은 1959-1966년 사이에 다양한 분야, 요컨대 문학 비평·철학·정신분석·인류학·문학을 대상으로 씌어진 에세이들을 수록하고 있다. 이 책은 루세의 구조주의에 대한 '비평'에서 시작하여, 루세가 탁월하지만 전제된 '도식'에 의한 읽기에 의해 자기 모순이 포함될 수밖에 없음을 지적함으로써 자신의 읽기가 체계적 읽기, 전제에 의거한 읽기, 전형(문법)을 찾는 구조주의적 읽기와 다름을 시사한다. 그것은 "텍스트의 표식, 흔적 또는 미결정 특성과, 텍스트의 여백·한계 또는 체제, 그리고 텍스트의 자체 한계선 결정이나 자체 경계선 결정과의 연관에서 텍스트를 텍스트로 읽는" 독법이 될 것이다. 이러한 독법을 통해 후설의 현상학을 바탕으로, 데리다는 어떻게 로고스 중심주의가 텍스트의 방향을 유도하고 결정하고 있는지 보여 주는 한편, 사유의 새로운 지평을 열어 보고자, 중요하지 않은 것으로 간주되어 경시되거나 방치된 문제들을 발견하고 있다.

東文選 文藝新書 175

# 파스칼적 명상

**피에르 부르디외**

김웅권 옮김

　어느 정도 성취를 이룬 인간은 인간에 대한 관념을 내놓아야 한다. 《파스칼적 명상》이라는 제목이 암시해 주듯이, 본서는 기독교 옹호론자가 아닌 실존철학자로서의 파스칼의 심원한 사유 영역으로부터 출발해 인간과 세계에 대한 새로운 통찰을 제시하고 있다. 본서의 입장에서 볼 때 파스칼의 사상에서 중요한 것은, 인간 사유의 선험적 토대를 전제하지 않고 인간 정신의 모든 결정물들을 이것들을 낳은 실존적 조건들로 되돌려 놓고 있다는 것이다.

　사실 사유에 대한 가장 근원적인 문제 제기들은 세계와 실제에 대해 거리를 두고 있는 상태에 대한 문제 제기에서 출발한다. 우리는 이러한 방법적 비판을 파스칼 속에서 이루어 낼 수 있다. 왜냐하면 그의 인류학적 고찰은 학구적 시선이 무시할 수밖에 없는 인간 존재의 특징들로 향하고 있기 때문이다. 그리고 또 하나의 이유는 그가 인간학이 스스로의 해방을 이룩하기 위해 수행해야 하는 상징적 슬로건을 제공하기 때문이다. 이 슬로건은 "진정한 철학은 철학을 조롱한다"이다.

　이 책은 실제의 세계와 단절된 고독한 상아탑 속에 갇힌 철학자들이 추상적인 사유를 통해 주조해 낸 전통적 인간상을 송두리째 뒤흔들고 있다. 부르디외는 사회학자로서 기존 철학에 정면으로 도전하면서, 인간 존재의 실존적 접근을 새로운 각도에서 모색함으로써 전혀 다른 존재의 모습을 제시하고 있다. 그것은 사르트르류의 실존적 인간과는 또 다른 인간의 이미지이다. 그것은 관념적 유희로부터 비롯된 당위적이거나 이상적 이미지, 즉 허구가 아니라 삶의 현장 속에 살아 움직이는 실천적 이미지인 것이다.

東文選 文藝新書 148

# 재 생 산

**피에르 부르디외**

이상호 옮김

　이 책은 1964년에 출간된 《상속자들》에서 처음으로 선보였던 연구작업의 이론적 종합을 시도한다. 교육관계, 지식인이나 평민의 언어 사용 및 대학 문화 활용, 그리고 시험과 학위의 경제적·상징적 효과에 대한 경험 연구에서 출발하며, 상징폭력 행위와 이 폭력을 은폐하는 사회조건에 대한 일반 이론을 보여준다. 이 이론은 상징적 주입관계의 사회조건에 대해 설명함으로써 언어학·사이버네틱 이론·정신분석 이론의 누적된 영향 아래서, 사회관계를 순수한 상징관계로 환원시키는 경향을 보이는 분석의 방법론적 한계를 규정한다.

　이 책에 따르면, 학교는 환상을 생산하지만 그 효과는 환상과 거리가 멀다. 그래서 학교의 독립성과 중립성이라는 환상은, 학교가 기존 질서를 재생산한다는 가장 특별한 기여 원칙에 귀속된다. 나아가 이 책은 문화자본의 분배 구조를 재생산하는 법칙을 해명하고자 시도함으로써, 오늘날 교육 체계에서 작동되는 모순을 완벽하게 이해하는 수단을 제공할 뿐만 아니라 실천 이론에도 기여한다. 행위자를 구조의 생산물이자 구조의 재생산자로 구성함으로써 범구조주의의 객관주의만큼이나 창조적 자유의 주관주의에서도 벗어날 수 있는 실천 이론 말이다.

　현대 교육사회학 분야에서 빼놓을 수 없는 역작으로 평가 받는 이 책은 단순히 교육사회학에 국한되지 않고 교육과 사회, 개인행위와 사회질서, 미시사회학과 거시사회학의 상관성을 밝히는 데 중요한 단서를 제공하고 있다.